LE DERNIER "PARRAIN" FRANÇAIS

FRANÇOIS MARCANTONI

Éditions Jacques-Marie Laffont
5, rue de Charonne, 75011 Paris

Crédits photographiques :
En couverture : © Jean-Claude Figenwald
p. 92 : © Beutter/Paris Match/Scoop
p. 28 : © L'Optimum/Éditions Jalou
Le reste : © Christian Chatillon

Directeur éditorial : Édouard Frison-Roche
Responsable éditoriale : Katia Kaloun
Édition : Lucie Bernamont et Marine Bourasseau
Direction artistique et mise en pages : Charlotte Thomas

ISBN : 978-2-492545-01-6

CHRISTIAN CHATILLON

LE DERNIER "PARRAIN" FRANÇAIS

FRANÇOIS MARCANTONI

JACQUES-MARIE
LAFFONT

Aqua in bocca.

(« L'eau à la bouche. »)

Proverbe corse

AVANT-PROPOS

Il était environ 9 heures, ce mardi 17 août 2010, quand retentit la sonnerie de mon portable. Je décrochai. Une voix, que j'identifiai aussitôt… Je savais, j'avais compris. À l'autre bout du fil, le fidèle Amar.

– Monsieur Chatillon.

– Oui, Amar, j'ai reconnu votre timbre. C'est donc terminé ?

– Cette nuit, vers 6 heures. Il n'a pas souffert. Il est mort dans son sommeil.

– Une belle mort, comme il la souhaitait.

Suivirent quelques phrases sur la visite au défunt au Val-de-Grâce, où le corps reposait, et sur les modalités de l'enterrement à Toulon, la ville où il avait grandi après avoir dû quitter sa Corse natale, son village d'Alzi, pour trouver refuge avec sa maman, ses frères et sa sœur chez une parente, dans la cité du Var.

Le téléphone raccroché, je restai plusieurs minutes l'esprit comme vidé de toute pensée. Certes, celui qui venait de passer de vie à trépas avait l'âge du long voyage, celui dont on ne revient pas. Mais il y a peu encore, nous avions passé un long moment chez lui, dans cet appartement sans âme, aux volets sempiternellement clos, place du Général-Kœnig, dans ce quartier des Ternes où l'hôtel Méridien lui tenait lieu de Q.G.

Une figure du Milieu venait de s'éteindre, à quatre-vingt-dix ans. Une figure, que dis-je ? Une légende !

Oui, ce coup de fil impromptu du dévoué Amar sonnait pour moi le retour *ad patres* d'un homme, François Marcantoni, qui portait haut l'honneur de ses racines insulaires, âpre dans son approche, volontiers taiseux derrière une fausse volubilité, mais d'une fidélité exemplaire doublée d'une amitié sans faille dès lors qu'il l'avait offerte.

Une amitié corse authentique. Le personnage relevait de la fameuse maxime du Petit Prince de Saint-Exupéry : il fallait l'apprivoiser.

Mais pourquoi parler de lui à un temps du passé ? Dix années se sont écoulées. Sans reprendre à mon compte le cliché éculé du : « Il ne s'est pas passé une seule journée sans que je pense à lui », il est vrai que le souvenir de sa personne, sa gouaille, son humour et ses anecdotes remontent à intervalles réguliers en moi. De ceux qui l'ont accompagné jusque dans les derniers temps de sa vie, il n'en reste guère. Lorsque nous nous voyons encore de temps à autre, il est au cœur de nos discussions.

Dans une interview, j'avais répondu au journaliste qui m'interrogeait :

– Y a-t-il des personnes en activité « dignes » d'avoir une bio peu avant leur mort, comme Marcantoni ?

– Qu'on me pardonne la comparaison, mais un Mozart, un Einstein, on en compte environ trois, quatre par siècle. Marcantoni, dans le contexte qui fut le sien, a sans conteste marqué son époque… Un contexte où le pays et son histoire n'ont plus rien de commun avec une France mondialisée, qui subit les attaques des marchés financiers, d'une économie débridée.

Avec le recul des années, je n'ai rien à modifier. En raison même de son parcours et d'un assassinat devenu affaire d'État, connue sous son label AOC « l'affaire Markovic », Marcantoni a été et restera un personnage inégalé dans son registre.

En écrivant ces lignes, une chanson affleure ma mémoire spontanément : « Les Feuilles mortes », écrite par un génie du verbe, Jacques Prévert, immortalisée par Montand :

« En ce temps-là, la vie était plus belle
Et le soleil plus brûlant qu'aujourd'hui. »

Oui, si les feuilles mortes se ramassent à la pelle, les souvenirs aussi. Si le vent du nord, réputé vif, les emporte dans la nuit froide de l'oubli, de là où vous reposez, François, vous l'entendrez peut-être, vous le lirez, qui sait… Je n'ai pas oublié. À commencer par notre toute première rencontre. Un poème à elle toute seule, tout élément de langage poétique néanmoins absent !

Et si « le moi est haïssable », à en croire Pascal, cet auteur du XVIIe siècle riche en *Pensées*, eh bien, qu'il me soit pardonné d'y avoir recours. Ce positionnement délibérément choisi, je l'assume. Car, à la vérité, avoir accès à ce personnage a relevé d'un véritable parcours du combattant. Un chemin de croix, vraiment : croix de bois, croix de fer, si je mens, je vais en enfer !

Première partie

UNE RENCONTRE À REBONDISSEMENTS

Chapitre 1

À la recherche de Monsieur François

« Je n'aurais jamais cru qu'on se rencontrerait.
Le hasard est curieux, il provoque les choses. »

Je pourrais faire miennes ces premières lignes de la chanson d'Aznavour, grand ami de François Marcantoni.

En ces années 1995-2000, le magazine des éditions Jalou, *L'Optimum*, m'avait confié une rubrique intitulée « Paroles de ». S'étaient succédé « Paroles de flics », « Paroles de magistrats », « Paroles d'avocats »… Ange Mancini, Éric de Montgolfier, Gilbert Thiel, Thierry Jean-Pierre, Gilbert Collard ainsi qu'une pléiade d'autres noms connus s'étaient librement exprimés. Quelle mouche piqua alors mes deux corédacteurs en chef de me suggérer un « Paroles de voyous » ? Rien que ça ! Aïe.

Malgré le délai que je sollicitai, délai évidemment accordé étant donné mon inexpérience sur le sujet, mener à bien ce projet relevait, de mon point de vue, de l'utopie pure. Le seul authentique truand que j'avais eu l'occasion de rencontrer, une figure du grand banditisme, avait été abattu en 1987 à Toulouse. Gérard Vigier avait participé au fameux hold-up de la Société Générale à Nice, ordinairement surnommé « le casse du siècle ». Lieutenant rapproché du caïd marseillais Tany Zampa, il n'avait pas survécu à la guerre fratricide que s'étaient livrée ce dernier, Jacky Imbert – « le Mat » – et Francis le Belge dans les années 1970-1990.

Vigier tenait une boîte de nuit à Ozoir-la-Ferrière, *L'Art-Ozoir*. Chaque mardi soir se déroulait en direct une émission de variété retransmise sur les ondes d'une radio locale, Radio Corsaire. C'est dans ce cadre qu'il m'avait été donné de l'approcher.

Dans l'attente d'une suite hypothétique donnée pour ce « Paroles de voyous », c'est un « Boulevard du crime » qui intégra le magazine. En fait, il fut convenu que seuls seraient traités des morts ou assassinats auxquels voyous, mais aussi politiciens, s'étaient vus impliqués d'une manière ou d'une autre. Ainsi en allait-il de l'affaire Ben Barka, de la mort « naturelle » des anciens ministres Boulin, Bérégovoy, de l'assassinat du prince de Broglie, des deux juges Renaud et Michel. Bref, il y avait matière à soutenir un siège pendant une bonne année !

Toutefois, l'idée de relever le défi lancé par ma rédaction en chef poursuivait son chemin. Un jour où je flânais sur les quais de la Seine, mon attention fut attirée par l'étal d'un bouquiniste. Un livre parmi de nombreux autres exposés ne laissait guère planer de doute : le vendeur était spécialisé dans le domaine que je recherchais. *L'Instinct de mort* de Jacques Mesrine l'attestait, idéalement placé pour attirer l'œil du chaland.

Après avoir passé un bon moment avec ce très pointu connaisseur du crime sous toutes ses formes, je repartis avec un sac empli de bouquins qu'il venait de me conseiller. Il avait tout spécialement insisté sur *L'Empreinte d'un nom*, paru chez une éditrice, Sylvie Messenger, et écrit par une femme, une certaine Marie-Christine Guerini, dont j'ignorais tout. Le bouquiniste m'avait affirmé que je ne serais pas déçu de lire la vie de sa famille, « des caïds qui avaient régné sur Marseille pendant plus de vingt ans ». Et d'ajouter : « Vous verrez, c'est dans le droit fil de ce que vous m'avez expliqué chercher. Vous m'en reparlerez, à l'occasion. »

Rentré chez moi, je commençai la lecture. Au fil des pages, je me plongeais chaque soir dans l'histoire de cette fillette qui apprend un jour, en voyant son père en une du *Provençal*, qu'il n'est pas l'homme qu'elle croyait, un juge, mais une sorte de variante ; un juge de paix du Milieu. J'arrivais vers la fin du livre quand je tombai sur cette phrase, axée sur les derniers jours de la vie de son géniteur, Barthélemy, dit « Mémé » :

> « Téléphone à Marseille au docteur André Zunino.
> Demande-lui de venir assister à l'opération.
> Je ne me fie pas aux médecins d'ici.
> Ils sont capables de me faire mourir [...]. »

Deux semaines plus tard, Marseille m'accueillait sous le soleil. Le docteur Zunino, pour sa part, me reçut avec cordialité. Il avait accepté de me recevoir chez lui pour « m'en dire plus sur cette famille », plus particulièrement sur ce « Mémé » Guerini, qu'il m'avait présenté au téléphone comme « un ami proche ».

Le courant passa bien. Non seulement il me brossa un historique complémentaire du livre, insistant sur la protection du maire de la ville, Gaston Defferre, dont jouit pendant de très nombreuses années cette famille, mais il avait également préparé à mon intention des photocopies de documents qu'il possédait. « Des documents rares », souligna-t-il en me les tendant. Après en avoir commenté quelques-uns, il relata diverses situations qui mettaient en scène la puissance de ce clan. Un épisode retint mon attention : un soir, Alain Delon était venu au *Méditerranée*, un établissement chic, propriété de Mémé, et les rues adjacentes avaient été barricadées et étroitement placées sous surveillance afin de préserver la tranquillité de la star. « Une initiative personnelle de Mémé, précisa le médecin, qui était hautement dissuasive pour tout curieux qui aurait voulu s'approcher du cabaret-restaurant. »

Il n'est cependant meilleure compagnie qui ne se quitte ; vint donc le moment de prendre congé. Nous échangions une poignée de main quand, à brûle-pourpoint, mon hôte me lança une invitation à dîner pour le lendemain : « Si vous n'avez rien d'autre de prévu. Nous aurons ainsi tout le loisir de bavarder plus longuement. »

À l'heure fixée, je me présentai au domicile du docteur. Son épouse, venue ouvrir, me fit entrer dans le séjour, où la table était dressée. Nous allions lever nos verres pour trinquer lorsque la sonnette retentit. Le docteur se leva. Deux minutes plus tard, il réapparut, un couple sur ses talons.

– Cher monsieur, vous vouliez des renseignements sur mon ami Mémé Guerini. J'ai pensé que le mieux, puisque nous devions dîner ensemble, était de vous présenter sa fille, Marie-Christine.

Pour le coup, c'était comme si je venais de recevoir un uppercut d'un Monzon ou d'un Bouttier ! Ces présentations pour moi surréalistes faites, à un « Santé à tous ! » répondit un « *Pace e Salute* ! » L'ambiance était créée.

Alors qu'à un moment de la soirée je venais de m'épancher sur mon travail pour *L'Optimum*, Marie-Christine me lança tout de go :

– Il y a quelqu'un qu'il vous faut absolument rencontrer à Paris.

Elle lâcha un nom : François Marcantoni. Tony, l'homme qui l'accompagnait – une vraie « baraque », comme on dit dans le Sud, qu'elle présenta comme « le Centaure » – ne lui laissa pas le temps de poursuivre.

– Christine a raison. Marcantoni, si j'étais vous, je ferais le maximum pour le contacter. Mais, attention, c'est un filou. Peut-être qu'il vous demandera d'allonger un peu d'oseille…

– Euh, très bien, le coupai-je. Mais vous savez où le rencontrer ?

– Il fréquente les grands hôtels. De retour à Paris, comme d'autres font la tournée des grands-ducs, moi, à votre place, je ferais la tournée des palaces. C'est ben l'diable si vous tombez pas sur lui !

Marie-Christine reprit la parole :

– Tony a raison. Croyez-moi, oui, ça, c'est une excellente idée. Essayez de mettre la main sur lui... Mais, attention... c'est un cabot !

Quand je rentrai à mon hôtel, la nuit était fort avancée. Léger comme l'air, je me surpris à fredonner : « Oh, quelle nuit ! » Morphée eut cependant très rapidement raison de ma surexcitation.

« Essayez de mettre la main sur lui. » De retour à Paris, ces paroles tournaient dans ma tête, comme ces autres : « Faites la tournée des palaces. » Où ? Quand ? Comment ? L'énigme était de taille !

Soudain... Bon Dieu ! Mais... Bien sûr ! Bon sang, c'était évident ! La réminiscence soudaine d'un Charly Marcantoni apparut. Ce nom avait été évoqué par le couple Guerini. Renseignement pris auprès d'un centre téléphonique, une personne correspondait au nom et au prénom Charles, à Cannes. Je déchantai cependant presque aussitôt. Si l'homme qui avait décroché était bien le frère de « Monsieur François », il était sans nouvelles de lui depuis longtemps car ils étaient fâchés. Il me suggéra néanmoins de porter mes pas au Royal Monceau, établissement que son frère avait « beaucoup fréquenté, peut-être encore aujourd'hui ».

Là-bas aussi, un barman eut tôt fait de doucher mon espérance. Cela faisait bien longtemps que François Marcantoni n'était pas apparu dans ce palace de l'avenue Hoche. Une piste s'ouvrit néanmoins sur le conseil du serveur : aller « faire un tour au Méridien de la porte Maillot ».

Qui ne tente rien n'a rien. Quelques jours après que j'eus laissé une carte de visite au « Polo », le bar de l'hôtel – aujourd'hui disparu–, le téléphone sonna. Au bout du fil… Monsieur Marcantoni en personne. Quand il eut raccroché, un rendez-vous était fixé. J'avais l'impression de toucher le Graal, enfin !

Chapitre 2

Une approche nuancée

Dirais-je que mon cœur ne battait pas un peu plus vite quand, au jour fixé, je traversai l'immense hall d'entrée du Méridien ? Ce serait mentir !

Un vigile m'indiqua le bar. Je m'avançai vers le zinc, demandai Monsieur Marcantoni. Le serveur me désigna un fauteuil occupé :

– Vous êtes attendu, je crois. Je vais quand même demander à Monsieur Lucien de vous conduire à lui.

Le garçon héla un individu debout près du fauteuil où siégeait l'homme déjà âgé que j'avais reconnu dès le seuil du bar franchi. Il était vrai que les photos de lui ne manquaient pas ! Le Lucien en question s'approcha. Grand, très grand, sapé comme un milord, il se présenta :

– Monsieur Chatillon, je présume ? Lucien. Je suis le neveu de Monsieur Marcantoni. Il vous attend.

En un dixième de seconde, je me dis qu'alors, les dés étaient jetés, plus question de reculer. J'avançai jusqu'au fauteuil où le vieil homme était confortablement calé. Le moins que je puisse dire, c'est qu'il en imposait : costume croisé prince-de-Galles gris taillé sur mesure, borsalino et gros cigare au tiers consumé... J'étais soudain plongé dans une suite de *Borsalino* ou du *Parrain*. À ce détail près, majeur : l'homme que j'avais en face de moi, à présent debout pour me saluer, n'était pas Bébel ou Delon, pas Brando ou Al Pacino, mais François Marcantoni. Bref, ce n'était pas du cinéma !

Une fois levé, il m'offrit une poignée de main assez éloignée de ce qu'il est convenu d'appeler un « accueil très cordial » ! Certes, ce n'était pas à proprement parler un *mano a mano*, plutôt un « yeux dans les yeux » où transparaissait, étrangement d'ailleurs, un subtil mélange de froideur et de chaleur habilement masquée.

Sous le contrôle de ce dénommé Lucien, en observateur attentif, je me jetai à l'eau. J'exposai en détail à Marcantoni l'objet de cette rencontre que j'avais sollicitée, faisant valoir que mon magazine était prêt à lui consacrer une double page, voire davantage s'il acceptait de figurer dans la rubrique « Boulevard du crime ».

– Les journalistes, ils écrivent toujours n'importe quoi.

Allons bon ! Voilà qui commençait bien. Une mise à l'aise décoiffante. Bec et ongles rentrés, il allait me falloir défendre au mieux ma cause. L'impression fâcheuse que j'étais le présupposé coupable et que j'allais donc être soumis à un interrogatoire serré me taraudait. Quelle inversion des valeurs ! pensai-je en mon for intérieur. Venant de ce personnage dont j'avais tout de même lu qu'il n'avait rien d'un enfant de chœur, ce que sa présence physique accentuait, c'était un comble ! Tony « le Centaure » connaissait bien son homme.

J'avais développé tous les arguments estimés pertinents pour qu'un accord fût passé quand, soudain, me fixant toujours, mais la voix adoucie :

– Si je vous accorde une interview, est-ce que vous me donnez un peu de sous ?

La question avait le mérite d'être clairement posée.

– Ah ça, Monsieur Marcantoni, je n'en sais rien. Je ne peux pas m'engager sur ce terrain-là. Il faut que je demande à ma rédaction en chef.

Je me levai peu après. Sans pour autant dire que la porte s'était fermée, il était patent que la partie n'était pas gagnée. Obtenir une interview du patriarche, qui plus est, sans bourse délier, voilà qui semblait se mériter… au prix fort !

J'arrivais à la jonction entre le bar et la salle du palace quand une voix de stentor résonna : François Marcantoni m'adressait un signe de la main pour que je rebrousse chemin. De nouveau, son regard bleu acier se braqua sur ma personne. Puis, comme s'il prenait soudainement conscience de ne s'être pas présenté sous son meilleur jour :

– Écoutez. Pour les sous, voyez si votre journal peut faire un effort. Mais je vous donne un accord de principe pour une interview. Ah ! J'allais oublier un dernier point. Avant de conclure notre petite affaire, est-ce que vous pouvez me faire parvenir ici même un numéro de votre revue ? Si je n'y suis pas, laissez-le au garçon.

Voilà qui devenait autrement plus sympathique ! Au moment où je quittais *Le Méridien*, le cœur plus léger, j'ignorais que cette toute première rencontre posait la première pierre d'une amitié singulière, jamais démentie, même toujours renforcée jusqu'à son grand départ, en 2010.

De la même façon, j'étais à des années-lumière de soupçonner que, dans le prolongement de notre brève entrevue, je deviendrais redevable à cet homme d'une forme nouvelle de « L'Invitation au voyage » initiatique baudelairienne, à la découverte d'un monde si particulier, celui du Milieu, et d'une plongée, ainsi guidée par lui, « au fond de l'Inconnu, pour trouver du nouveau » !

Chapitre 3

La mise à l'épreuve

Dans la préface que Jean-Paul Belmondo avait immédiatement offerte à son vieil ami François pour *Strass et Voyous* (Les Portes du Soleil, 2009), on peut lire :

> « Le regard que tu portes [...] est celui d'un homme qui en a vu tant d'autres qui, d'un seul coup d'œil, sait reconnaître un faisan d'un pigeon, une épée d'un traîne-lattes. »

Marcantoni l'avait dit, lors de cette première fois au Méridien : « Les journalistes, ils écrivent toujours n'importe quoi. » Il y avait là une accusation qui m'interpellait directement. Dès la réception du magazine qu'il m'avait demandé de lui procurer, il avait accepté le fameux principe invoqué ; je me devais de mettre un point d'honneur à respecter scrupuleusement les propos qu'il allait me rapporter.

Au jour J fixé par lui à ce qui semblait être son Q.G., un mercredi après-midi, l'expression « être dans ses petits souliers » revêtait pour moi tout son sens. Le neveu Lucien était là. Cette présence physique ajoutait à ce qu'en français il est convenu d'appeler « une certaine gêne », mot issu d'un instrument de torture qu'on infligeait aux criminels pour leur arracher des aveux. L'appréhension était d'autant plus grande que celui qui avait à se soumettre à la question ne faisait rien pour que l'ambiance se détendît. Il semblait prendre un malin plaisir à profiter d'un ascendant indiscutable sur le pauvre cave que j'étais assurément à ses yeux. Comment lui donner tort, du même coup lui en tenir grief ! Ma documentation était livresque, mais elle n'aurait su égaler le vécu d'un homme dont le parcours de vie, si palpitant qu'il parût, ne s'apparentait en rien au long fleuve tranquille qu'est celui de l'individu lambda.

Après quelques paroles échangées, où ma volubilité contrastait singulièrement avec l'économie verbale de mon interviewé, j'appuyai sur la touche du magnéto. Pendant les premières minutes, j'observai mon interlocuteur. Minutes délicates de la mise en route d'un entretien avec un individu qui, outre son côté taiseux, voire à tout propos sur la défensive quand il ne s'emportait pas, était accompagné d'un tiers qui ne perdait pas une miette de notre échange. Ce facteur contribuait à davantage alourdir l'ambiance. Aussi fut-ce avec soulagement qu'à un certain moment, j'entendis Lucien s'adresser à mon hôte, lui signifiant qu'il allait faire un tour, après m'avoir demandé :

– Vous en avez à peu près pour combien de temps ?

– Oh, une bonne heure, je pense.

Comme pour faire un peu retomber la pression, je m'empressai d'y aller d'une brève boutade :

– Mais Monsieur Marcantoni aura tellement de scrupule à m'être agréable… Peut-être prendra-t-il deux heures. N'est-ce pas, Monsieur Marcantoni ?

Pour la première fois depuis mon arrivée, un sourire sympathique illumina son visage. Enfin du positif, de bon augure pour la suite !

Une bonne heure s'était écoulée lorsque la haute et élégante silhouette de Lucien réapparut. Il reprit place sur le fauteuil qu'il avait momentanément délaissé, tirant sur un cigare au diamètre avantageux. Comme si ce retour venait de déclencher un tempo impulsif chez Monsieur François, une brève phrase jaillit :

– Eh bien, messieurs, je crois qu'on a bien travaillé. Je pense que vous avez suffisamment de matière, hein ? Je compte sur vous pour me faire un bon article.

L'évidence s'imposait. L'interview venait de prendre fin. Ma cassette TDK D 90 minutes était pleine. J'avais même dû en inclure une nouvelle de 60 minutes. Au moment de prendre congé du presque octogénaire, je priai le ciel pour que le travail à venir rendît compte au plus près de l'entretien, tel qu'il m'avait été donné de le vivre, avec ses divers points d'intérêts. Je ne fus pas déçu. Mais alors, pas déçu du tout !

Belmondo et Marcantoni : une amitié ancienne liée à la boxe.

Chapitre 4

Une attente fébrile

« J'espère que vous aurez de la matière pour travailler et je compte sur vous pour me faire un bel article. » C'est sur ces ultimes mots que j'avais quitté François Marcantoni après cette interview au Méridien. Lucien m'avait raccompagné jusqu'à la sortie de l'hôtel. Nous avions échangé quelques paroles avant de nous séparer. Elles tournaient autour de l'entretien :

– Vous êtes satisfait ? Je pense que ça va aller comme vous voulez. Vous l'avez vu : au début, il était un peu cabré, puis quand je suis revenu, j'ai pu constater qu'il s'était détendu. Sans doute l'avez-vous remarqué, il n'aime guère les journalistes. Enfin, quand je dis qu'il ne les aime guère, j'exagère un peu. Disons qu'il est sur la défensive et se méfie toujours. On a dit et, plus encore, écrit tellement de choses sur lui, tellement de choses surtout fausses. Sans arrêt on lui remet sur le tapis l'affaire Markovic... Mais je suis sûr que vous saurez faire la part des choses et tirer le meilleur parti de ce qu'il vous aura raconté.

– J'essaierai en tout cas d'être le plus fidèle possible à ce qu'il a bien voulu me dire.

– Je suppose que vous avez abordé l'affaire Markovic ?

– Il m'aurait été difficile d'y échapper, surtout dans le cadre de ma rubrique.

– Oui, bien sûr. Enfin, faites en sorte que les deux parties soient satisfaites du résultat.

– Je m'efforcerai qu'il en soit ainsi. Après, comme dit le proverbe : « Advienne que pourra ! »

La poignée de main, ferme mais cordiale, me rassura. À présent, il « n'y avait plus qu'à » !

Un petit mois plus tard, en octobre 1999, avec David Bowie en couverture, *L'Optimum* était en kiosque. J'ouvris le luxueux magazine. Je tournai rapidement les quatre premières pages, de la pub pour grandes marques. La cinquième ouvrait sur le sommaire, avec, en gras, les pages se référant aux rubriques. Dans la partie « Portraits », un décryptage attira tout de suite mon attention : « Les coulisses du *Canard Enchaîné* ». Je progressai de quelques lignes, sautai allègrement la partie intitulée « Mode » et poussai un tonitruant « youpi ! » intérieur. Page 170, je déchiffrai : « Boulevard du crime : l'affaire Markovic ».

Aïe ! Le nom de Marcantoni ? Zappé. La fameuse affaire en question, dont nous avions longuement parlé, c'était vrai, était la seule mentionnée. Un choc en ouvrant la page. Je m'attendais à une photo en noir et blanc. Or, c'était une double. Et quelle double ! De l'art. Du grand art. En lieu et place d'une photo, une illustration ouvrait le texte de l'interview. Sur la gauche, une « gueule », celle d'un Marcantoni plus vrai que nature, cigare au bec, favori qui retombe sur l'oreille droite, la recouvrant partiellement. Un visage de dur, d'homme, dans son acception « voyou ». Page de droite, une fille vue de dos, nue, face à un homme plongé dans ses pensées. À proximité, mi-ombre, mi-lumière, croqué à la perfection, un Alain Delon fumant une cigarette. Enfin, en arrière-plan, une jeune femme blonde qui ressemblait comme deux gouttes d'eau à Nathalie Delon. L'ensemble portait la signature d'Alain Frétet, poète graphiste connu et reconnu pour ses publications dans de multiples organes de presse. Un travail d'orfèvre.

Trente ans après, retour sur l'affaire qui fit trembler la Ve République. L'Optimum a retrouvé pour en parler, le seul homme qui fut inculpé à l'époque, François Marcantoni. Par Christian Châtillon. Illustration Alain Frétet.

La page tournée, avant même d'en découvrir le contenu dans sa présentation, je constatai avec satisfaction que le texte de l'interview s'étendait de la page 172 à la page 176, l'ensemble étant parcouru de photos d'époque. En voici quelques extraits :

« ***Vous êtes un authentique homme du Milieu. Un monde avec ses lois et ses règles ?***

Un monde qui a totalement changé aujourd'hui. Un monde où les mots "fierté" et "honneur" avaient un sens. Un monde où, quand on était serré par les flics, la règle était de se rendre, sans riposter. Un monde dur, certes, mais bien moins tordu que le monde politique, le pire que je connaisse. Là, toutes les bassesses sont permises.

Comment êtes-vous passé de la Résistance, avec une conduite exemplaire, au grand banditisme ?

Au moment de la Libération, alors que j'étais emprisonné à la Santé parce que je n'avais pas cédé sous la torture de deux “bons” Français, agents de la Gestapo, permettant ainsi à des camarades d'échapper à une mort certaine, on m'oublia. Ce sentiment d'abandon doublé d'un sentiment de haine pour les collabos de tout poil fut le déclic qui me fit basculer dans le camp des truands.

Votre premier plongeon ?

Après ma libération, je tombai sous le charme d'une jeune femme vedette des Folies Bergères. Hélas ! Un homme qu'on pouvait prendre pour son père ne la lâchait pas. Très riche, trop riche, même, pour être honnête, j'appris par la belle que la guerre n'avait en rien entamé la puissance financière de ce dernier, au contraire. Pour moi qui avais été torturé, qui avais risqué ma peau, c'était insultant. Avec quelques copains déguisés en policiers, on l'obligea à vider son coffre. L'engrenage était pris.

Dans ces années cinquante, les Corses règnent en maître sur Pigalle ?

En effet. J'étais très ami avec l'une des figures du Milieu à Paris, Mathieu Costa. Respecté de tous, ce seigneur jouait les conciliateurs, ce qu'on appelle chez nous les “juges de paix”. En 1949, un racketteur dit “Jeannot le dingue” l'abattit. Tout le Milieu se retrouva à l'enterrement. À cette époque, Pigalle était tenu par un Corse, Ange Saliceti. Par peur tant de la flicaille que de la concurrence, ce dernier avait décidé de suivre le convoi funéraire dans un taxi, trois gorilles assurant sa protection. Cependant, sans respect pour le mort, les calibres crachèrent le feu. Par chance, Saliceti sortit indemne. Une terrible vendetta corse suivit ce règlement de compte. On vit la liste des trépassés s'agrandir chaque jour. Mais le Milieu voulait la peau de Saliceti. Un jour de décembre 1950, il fut exécuté par Jo Renucci, son ennemi juré. Cette mort eut pour effet d'affaiblir le Milieu corse, au profit des Nord-Africains dirigés de main de maître par les frères Zemour. »

Quant à une éventuelle implication de Delon dans l'affaire Markovic :

« ***De quels types étaient vos rapports avec Alain Delon ? Comment ont-ils évolué, l'affaire Markovic close ?***

Patience et longueur de temps... Comme le dit si bien Nikos Aliagas à chacune de ses vidéos terminées, dans l'attente de la suivante : "Eh eh ! On reste connectés !" »

Parvenu à la toute fin de l'article, j'étais totalement conquis... et rassuré ! Ma prochaine rencontre avec François Marcantoni, j'en étais quasiment certain, se présenterait sous les meilleurs auspices. Pressé de lui remettre en mains propres le numéro du magazine, je l'appelai et le rendez-vous fut pris, toujours au Méridien.

Lorsque j'arrivai au jour convenu, celui que j'appelais encore avec déférence « Monsieur Marcantoni » partageait sa table avec plusieurs personnes. Le moins que l'on pût en dire est qu'elle était animée. Monsieur François me vit et, sitôt salué, fit les présentations.

Il semblait évident pour un œil novice que cet aréopage familier du patriarche comptait deux, trois membres qui paraissaient n'avoir qu'un lointain cousinage avec les grands philosophes du temps jadis. Qu'importe ! Les rires fusaient, les cigares crachaient des volutes qui allaient se perdre dans les contours de l'immense salle, et les verres se remplissaient à gogo.

Toutefois, encore peu habitué à ces agapes d'un genre nouveau, au contact d'individus qui me donnaient une image pour le moins éloignée de la clientèle supposée d'un hôtel étoilé, je prétextai le trajet à accomplir jusqu'à mon domicile en banlieue pour prendre congé. Je laissai le numéro entre les mains de celui que j'avais en quelque sorte « cuisiné ».

Avant que je me lève, il l'ouvrit à la page que je venais de lui indiquer. J'observai sa réaction. De sa voix ferme, puissante, rehaussé par cet inimitable timbre corse, il éructa un :

– Alors, les amis… Hein ! Qu'en dites-vous ?

L'illustration frappa les observateurs. Un « génial, François », jaillit, suivi d'un « oh, putain ! » qui, en lui seul, valait tous les compliments imaginables. Je m'esquivai, non sans avoir salué un par un les cinq convives, chacun y allant de sa poignée de main virile.

Chapitre 5

Une surprenante proposition

Nous étions en mars 2000. Six mois s'étaient écoulés. Disons-le tout net : les remerciements venus de Monsieur Marcantoni par téléphone dans les jours qui avaient suivi la remise de *L'Optimum* avaient vécu. C'est donc avec étonnement qu'un soir, vers 20 heures, j'entendis le téléphone sonner. Je décrochai.

– Monsieur Chatillon, bonsoir. C'est Monsieur François.

– Monsieur François ?

Mon interlocuteur, au bout du fil, se rendit assurément compte de mon interrogation, et une voix me hurla dans les oreilles :

– Monsieur François... MARCANTON(E)[1] !

– Ah ! Monsieur Marcantoni ! Comment allez-vous ? Que se passe-t-il ?

Après quelques échanges de propos banals et divers, les mots du quotidien, il me dit à brûle-pourpoint :

– Est-ce que vous avez beaucoup de travail en ce moment ?

Je restai pour le moins surpris.

– Pas plus que d'habitude. Pourquoi ?

– Écoutez-moi bien. J'aurais peut-être une proposition à vous faire.

– Une proposition ? Ah bon ! Quelle proposition ?

1. Prononciation corse, apocope spécifique de l'île.

– Oh, vous savez, je ne parle jamais au téléphone. Fixons un jour et je vous dirai de quoi je veux vous parler. Je pense que ça pourrait vous intéresser.

Je n'insistai pas, c'était inutile. Je griffonnai sur un bout de papier le jour et l'heure ; le lieu, pas la peine, toujours le même !

Trois ou quatre jours plus tard, je retrouvai la même ambiance que celle rencontrée en septembre ; volubile, exubérante. Lucien était présent à la table. Les cigares enfumaient la table où s'amoncelaient des bouteilles de whisky et un assortiment d'amuse-gueules. En un mot, une table où, cette fois encore, la bonne humeur était de mise. Les conversations s'enchaînaient quand, soudain, Monsieur François leva la main pour prendre la parole. Comme si la fin de la récréation venait de sonner, le silence s'établit.

– Ah, mes amis, je vous laisse quelques instants. J'ai à parler avec monsieur. Je vous rejoins tout à l'heure.

Quelque peu intrigué, je vis Marcantoni se lever et me désigner une table à l'écart. Aussitôt assis, il sortit d'un grand sac un volumineux cahier relié, me le présenta et ajouta :

– J'aimerais que vous jetiez un coup d'œil à ce manuscrit, chez vous. Vous me direz ce que vous en pensez. En fonction du retour que vous me ferez, nous approfondirons notre discussion.

La portée de la voix n'incitait guère à un refus brutal. La vie est toujours question de choix. De l'audace, que diable ! Et puis, pourquoi refuser d'emblée ? Il serait toujours temps, le moment venu. Après tout, je ne prenais aucun engagement si ce n'était celui de lire ce qu'il me confiait. Je lui fis toutefois remarquer que ce cahier, en apparence vierge de toute référence, n'était peut-être pas frappé du « secret-défense » et qu'il aurait pu me dire par téléphone de quoi il s'agissait. Il soupira, avant de réitérer la réponse qu'il m'avait déjà donnée :

– Oh, vous savez, avec la vie qui a été la mienne, il y a belle lurette que je ne parle plus « affaires » au téléphone. Je m'excuse de vous avoir fait déplacer, mais si nous devons travailler ensemble un jour, mieux vaut que vous le sachiez.

Je sourcillai.

– Travailler ensemble ? Que voulez-vous dire ? Voilà qui est bien énigmatique !

– Vous lirez ce que je vous remets maintenant, ce manuscrit. Vous me donnerez votre avis.

Puis, il ajouta cette expression que je l'entendis maintes fois répéter :

– Si vous acceptez ma proposition, sachez que je ne suis pas un ingrat.

Sur ces paroles sibyllines, il m'invita à rejoindre la table où les verres de ses amis continuaient de s'entrechoquer dans une ambiance au ton ô combien parfois tempétueux, néanmoins toujours bon enfant. Parmi les convives du jour, je remarquai un individu tiré à quatre épingles : costume impeccablement coupé, cravate en soie, chaussures cirées à la perfection. Il me fut présenté comme « le Grec ». Pour l'heure, j'eus le sentiment que c'était moi qui lui étais totalement étranger !

Chapitre 6

Alea jacta est !

Deux ou trois semaines s'étaient écoulées. Chaque soir, je lisais quelques pages et, plus j'avançais, plus je trouvais de l'intérêt au récit. Quelques semaines encore passèrent. L'heure du compte rendu approchait. Je pris un nouveau rendez-vous au Méridien, un petit laïus préparé. Sitôt vu puis salué, ce fut un :

– Alors ?

– J'ai lu ce récit de votre vie. Que vous dire ? C'est bien écrit, et l'ensemble me paraît structuré. Et puis… quelle vie vous avez eue !

Je n'allai pas plus loin, coupé dans mon début de commentaire par la voix de mon interlocuteur.

– Bon, écoutez-moi bien. Je ne suis pas pleinement satisfait, moi. Je vais être franc avec vous. Ce manuscrit, écrit par un collaborateur de la maison d'édition avec qui j'ai travaillé, a été présenté deux fois à l'éditeur et deux fois il a été refusé. Je n'en attends donc plus rien. Voilà pourquoi je vous ai demandé de le lire. Vous me dites qu'il est bien, mais il a été refusé, vous entendez ? Refusé. Vous devez bien pouvoir le retoucher, le reprendre, l'améliorer, non ?

La voix, dans son registre haut, retrouva une tonalité plus apaisée lorsqu'il joua cartes sur table :

– J'ai fait lire l'interview de *L'Optimum* à beaucoup de mes amis. Lucien, que vous connaissez, m'a dit : « Pourquoi ne demanderais-tu pas à ce journaliste qui s'est présenté comme professeur de Lettres de reprendre ton manuscrit ? Peut-être acceptera-t-il de t'aider. » Donc, si vous êtes d'accord, on travaille ensemble.

Diable ! En allant à ce rendez-vous, je pensais n'avoir qu'à restituer en main propre ce manuscrit confié pour lecture et avis. Mais là, le propos qu'il venait de tenir changeait la donne. Que répondre ? Cruel dilemme ! Allô, Corneille ?

– Monsieur Marcantoni, de vous à moi, retravailler à partir d'un manuscrit déjà rédigé, ça me semble difficile, très délicat même. Pensez. Quelqu'un a cravaché pendant des heures sans relâche. Il a imprimé sa marque. Il faut se mettre à la place de cette personne. C'est pour le moins vexant de se voir écarté et…

– Mais moi, je vais vous le dire clairement : je m'en fous. Alors, vous acceptez ma proposition ou pas ?

L'interrogation se voulait plutôt injonctive ! Que restait-il à faire sinon tirer la dernière cartouche, botter en touche ?

– Je vais vous faire un aveu. À ce jour, je n'ai jamais écrit le moindre livre. Je ne sais donc pas si j'en suis capable. Et puis, je suppose que votre éditeur a un délai. Or, je ne pense pas, avec la meilleure volonté du monde, pouvoir réaliser ce travail en un temps réduit. Enfin, je vous le redis, il me semble très compliqué de retravailler, remanier un texte déjà entièrement écrit. Prendre appui, pourquoi pas ? Votre histoire personnelle est dedans. Mais repasser derrière quelqu'un qui s'est investi, ça, c'est non. Donc, pour résumer, de combien de temps disposez-vous pour rendre le manuscrit à votre éditeur ?

Il leva les yeux au ciel, étendit dans un geste ample ses deux bras haut au-dessus de sa tête et, presque dans un éclat de rire, lança un retentissant :

– Vous prendrez le temps qu'il vous faudra…

Je le coupai :

– Pas moins d'un an, en tout cas. Le minimum, je pense…

Il ne me laissa pas finir la phrase.

– Le temps est sans importance. J'ai déjà touché le pognon de la maison d'édition à la signature du contrat, voilà longtemps. Et ces connards, ils l'ont pas fait sortir ! Alors, ça peut bien attendre encore un an, deux ans ou plus. Qu'est-ce que j'en ai à foutre ? Dans le passé, mes éditeurs ont été soumis à des pressions pour que je ferme ma gueule. Je m'en expliquerai. La mafia politique voulait que je la boucle sur l'affaire Markovic. Mon livre, *La Conjuration*, est sorti. Pas de distribution. En Corse, tenez-vous bien, je devais faire une dédicace. Que ce soit mon dernier cigare si je mens, devinez combien de livres étaient étalés sur la table de mon stand ? Allez-y, dites un chiffre. Eh bien, je vais vous le dire, moi. Il y en avait sept en tout. Vous avez bien entendu, sept ! J'avais des amis qui s'étaient déplacés de toute la Corse pour acheter le bouquin. Pour rien. C'est ça, comprenez-moi, que je voudrais voir publier. Un livre dans lequel je pourrais apporter les preuves de mon passé de résistant, à une époque où bien des politiques, eux, avaient choisi de collaborer avec l'ennemi. Je vais vous dire, écoutez bien : j'ai été truand, oui. Mais on a gommé soigneusement, dans la presque totalité des médias, mon engagement dès le début de la guerre dans un vaste réseau de Résistance du Var. Et ça, ça m'est resté en travers de la gorge. Encore aujourd'hui, j'ai la rage, la haine surtout. C'est pourquoi je veux m'en expliquer dans un livre qui, cette fois, ne soit pas saboté.

J'écoutais, quelque peu sidéré, ce flux de propos qui, à l'évidence, était sincère. C'est cette intensité de force même, plus contenue, qui emporta la décision.

– À mon tour, Monsieur Marcantoni, de vous demander quelque chose de très important pour moi.

– Allez-y.

– En vous écoutant, je veux bien essayer quelque chose. Vous me direz si vous en êtes d'accord ou pas. Admettons que j'accepte de travailler avec vous. Dans ce cas, je vous propose que nous nous voyions à intervalles réguliers. Je vous enregistrerai au magnétophone. Je progresserai à mon rythme. Quand j'aurai griffonné une trentaine de pages, je vous les ferai lire et vous me direz si on continue ou si on arrête. Dans un cas comme dans l'autre, pas de souci de mon côté. Qu'en pensez-vous ? Quand j'en aurai fini, vous n'aurez qu'à rassembler les deux textes et les soumettre à votre éditeur. Ce sera à lui de coordonner les deux récits et de les fusionner, au besoin. Puisque vous me certifiez ne pas être pressé, ça me paraît être un bon compromis. Tout le monde y trouvera ainsi son compte : celui qui a rédigé votre manuscrit, moi-même et, plus encore je l'espère, vous. On va faire en sorte que l'essentiel se fasse : vous voir un jour en librairie !

– Eh bien, voilà une bonne parole ! C'est d'accord. Topez-la et allons rejoindre les amis. Mais chut, pas un mot. Que tout ça reste entre nous deux.

Comme pour m'en convaincre davantage, il joignit le geste à la parole, portant son index à sa bouche.

Chapitre 7

Un François peut en cacher un autre

En regagnant la table où les joyeux lurons continuaient à porter les verres à leurs lèvres à intervalles fréquents et réguliers, je commençai tout juste à comprendre que j'étais peut-être amené par le destin à découvrir un monde que jamais je n'aurais imaginé, tant il était éloigné de celui qui faisait mon quotidien. Cette vie nouvelle qui s'ouvrait à moi par le plus grand des hasards, je dus l'entrevoir encore davantage lorsque nous nous mîmes à travailler.

Ah ! Travailler. Comment ne pas sourire intérieurement en écrivant ce verbe ! Le rite de « travail » était immuable. Première étape : regagner la porte Maillot et *Le Méridien*, siège du comité d'entreprise Marcantoni. Y avaient table ouverte permanente les patentés, que je qualifiais de « vieux de la vieille », comme Monsieur Jo, un Corse d'un âge déjà avancé qui avait connu son heure de gloire dans les années 1970 au Texas, ou Monsieur Paul, proche de Francis le Belge, bien que nettement plus âgé. D'autres, venus d'horizons que je ne cherchais surtout pas à définir, grossissaient à l'occasion la tablée. Deuxième étape, tout aussi immuable : l'heure des séparations avec tous ces gentlemen. Aucun, de fait, n'était ou n'avait été cambrioleur ! Invariablement, une phrase tombait, toujours la même :

– Messieurs, nous avons du travail à faire.

J'appris rapidement à déchanter ou, tout du moins, à prendre un recul certain devant l'assertion. Car, sitôt les amis dispersés, nous nous rendions au bar-tabac des Ternes et allions acheter deux barreaux de chaise, « pour tout à l'heure ». Puis, venait le complément du bar-tabac, le dîner, le plus fréquemment au Petit Salé, aujourd'hui disparu.

Furtivement, à intervalles réguliers, je jetais un coup d'œil sur la pendule du restaurant. Enfin venait l'heure de prendre congé de la patronne et de gagner l'immeuble du Général-Kœnig. Arrivés à demeure, un autre rite immuable débutait : allumer les cigares, déboucher une bouteille de vin et balayer de la main les mille et un coupons de tiercé, le dada de Monsieur François. Le magnéto mis sur la position « marche », le conteur entrait en action. Il était temps, à 23 heures le plus souvent sonnées !

Une petite heure plus tard, le regard levé vers le plafond, la voix majestueuse du patriarche s'élevait :

– Eh bien, qu'en dites-vous ? Je crois que, pour ce soir, on a bien travaillé.

Le plus fort, c'est que rien, à ce moment, ne présentait dans sa parole le moindre trait d'ironie. « Y avait plus qu'à ! »

Ces soirées de « travail » devenaient de purs moments de plaisir lorsque, le lendemain, la cassette déroulait sa bande. Au fil de la progression de sa narration, l'évidence s'imposait : rehaussé par cet accent corse prononcé, François Marcantoni possédait tous les ingrédients qui, si l'aventure proposée était menée à bien, focaliseraient l'attention des médias sur lui, bien plus que n'importe quel autre gangster. Ses bons mots, la truculence et la façon qu'il avait de rendre telle ou telle anecdote ; tout concourait à ce qu'il fît un tabac pour peu qu'il fût invité. Combien il cartonnerait s'il venait à passer dans une émission de télé, avec son apparence de truand plus vrai que nature, le borsalino comme rivé sur le crâne, le costume à raies, « une raie oui, une raie non », le cigare aux lèvres, son regard de dur, le tout accentué par une claudication marquée… et un art consommé de savoir se mettre en scène !

Oui, l'avenir se présentait sous de belles perspectives. Par ailleurs, au fil des mois, sur un plan personnel, la fréquentation de cet homme développait mon ouverture progressive sur ce monde nouveau dans lequel être admis relève de l'impossible… sauf à y être introduit… donc « parrainé » ! Qui l'eût cru ?

Parmi les multiples visages rencontrés, il en fut quelques-uns qui finirent par devenir des amis, dont celui que je ne connaissais que sous son appellation, « le Grec », celui-là même qui semblait se soucier comme d'une guigne de ma présence. Là encore, le hasard, le destin, joua à plein, puisque l'énoncé dans une conversation de Saint-Étienne, ville qui m'est chère, piqua sa curiosité. Lui-même était natif d'une commune proche où, enfant, je passais mes vacances ! Authentique cador du Milieu – abondamment cité dans son livre de *Mémoires* par le commissaire Broussard (Plon, 1998) –, mais aussi coproducteur du film *Hiver 54*, outre la présentation qu'il me fit un jour de l'acteur Roger Hanin, sa fréquentation assidue me permit de glaner nombre de renseignements sur maints règlements de comptes qui ont alimenté la chronique criminelle des années 1960-1980. Il en connaissait long, principalement sur ceux qui ont opposé les Siciliens – en fait, majoritairement des Lyonnais – aux frères Zemour ; lui-même y avait occupé une place de choix ! Josée Dayan lui dut elle-même beaucoup pour le téléfilm *L'Étrange Monsieur Joseph* qu'elle réalisa sur Joseph Joanovici, célèbre ferrailleur juif bessarabien, agent triple pendant la guerre, campé sur le petit écran par… Roger Hanin ! Le Grec avait bâti une grande partie de sa fortune dans la ferraille. Ceci peut expliquer cela !

Chapitre 8

D'Alzi à Toulon

Nombre de fois ceux qui ont approché Marcantoni l'ont entendu clamer haut et fort : « Sans la guerre, ma vie n'aurait pas été celle que j'ai eue. » Remords ? Regrets ? Rien de tout ça. Car sa phrase achevée, il s'empressait d'ajouter, levant les bras vers le ciel :

> « Mais c'est ainsi. Serais-je resté à l'Arsenal comme artificier que je me serais emmerdé. Je n'étais probablement pas programmé pour une vie médiocre. J'ai toujours pensé que la médiocrité était à fuir. Alors, bien sûr, si j'avais eu les galons qu'a obtenus mon camarade de promotion Capra, dans ce cas-là, oui, je ne dis pas. Mais bon, si je fais le bilan, prison, belles femmes, grande vie, rencontres exceptionnelles, je n'ai rien à regretter, la prison exceptée, évidemment. Oui, j'ai eu une belle vie. Je l'ai, à un moment donné, payé cher, mais sans avoir choisi ma naissance, mon existence a valu la peine. Et puis, à chacun sa route, à chacun son chemin, n'est-ce pas ? »

Son chemin, c'est à Alzi qu'il débuta, le 28 mai 1920. Pour qui ne connaît la Corse que par les comptes rendus des médias – oh là là ! –, qui dit Corse dit, au-delà des paysages à couper le souffle, vendetta et grand banditisme. Le cliché absolu… ou presque !

Vérité, en revanche : s'il existe une diaspora, de retour sur l'île après fortune faite en diverses parties du monde, que ce soit en Afrique ou sur le continent sud-américain – Brésil tout particulièrement –, la plupart des insulaires ne vivent pas dans l'opulence. Comme tant d'autres nés dans l'un de ces villages pittoresques accrochés à la montagne, François Marcantoni traversa les premières années de son existence au sein d'une famille financièrement démunie.

Malchance supplémentaire, le père, militaire de carrière gazé à Verdun, mourut des suites d'une maladie contractée pendant la Grande Guerre de 1914-1918, à trente-trois ans ; l'« âge du Christ », se plaisait à raconter son fils, en authentique croyant qu'il était. Il affirmait tenir la formule de son père, au moment du grand départ, ponctuée malgré la souffrance d'un sourire qu'il « n'oublierait jamais. Car, poursuivait-il, c'était puiser en lui la volonté de laisser aux siens l'ultime souvenir de la force à laisser paraître, même dans ce pire moment. »

Pour qui entend prononcer le mot de « croyant », aïe ! D'aucuns, sans aucun doute, auront du mal à adhérer à cette assertion. Et pourtant. Que ce soit chez lui à Paris ou dans sa propriété de Goussainville, bien en évidence dans sa chambre, au-dessus du lit, trônait un Christ. Sa manière à lui, peut-être, de se faire pardonner par Dieu les quelques sorties de route effectuées ici-bas.

Quand son père partit, la fratrie n'était plus composée que de cinq enfants, Charlie, Xavier, Lucien, Marie et François, âgé de dix ans. Une seule pensée se mit alors à trotter dans la tête du jeune garçon : travailler le plus tôt possible pour apporter un peu d'argent à sa mère, une « brave femme » qui ne rechignait jamais à la peine, faisant des ménages ici et là, « plus pour survivre que pour vivre ». Ce n'était certainement pas la misérable pension de veuve de guerre perçue qui lui permettait de nourrir décemment ses enfants.

Un jour, elle leur annonça la nouvelle. Il allait falloir quitter le Boziu. Pour tout Corse appelé à quitter l'île, le point de chute sur le continent était soit les Bouches-du-Rhône, et plus précisément Marseille, soit les Alpes-Maritimes et le Var. Une tante Grimaldi tenait une brasserie à Toulon, elle n'avait pas d'enfants : c'est là que le pupille de la Nation François, ses frères, sa sœur et leur mère trouvèrent asile.

Le cœur déchiré de quitter son village, ses copains, sa liberté à parcourir le maquis, à traquer les cochons sauvages, il ne put rien faire d'autre que s'y résigner. Inscrit à la communale, le jeune François se révéla un élève appliqué, studieux même, souvent premier de sa classe. Peut-être se souvenait-il des roustes reçues, le père vivant, lorsque l'un de ses frères ou lui-même ramenait une mauvaise note. C'est que Pierre-Louis Marcantoni ne badinait pas avec les résultats scolaires. D'eux dépendait l'avenir de ses enfants. Qu'ils poursuivent le plus loin possible la classe était à ses yeux la seule voie qui leur assurerait un avenir et leur permettrait ainsi d'échapper à la dureté de la vie, dont lui-même avait tant souffert, né dans une miséreuse famille paysanne.

Comme le jeune garçon se sentit tout de suite enfermé dans le petit deux-pièces de cette HLM d'un quartier populaire, le Las, que les Marcantoni occupaient ! Plus il avançait en âge, plus il souffrait d'isolement, de solitude. Le désir d'être actif au plus vite l'emporta. Vers quatorze ans, il opéra un choix. Malgré des résultats scolaires toujours probants, il ne voulut plus être une charge pour sa maman. Mais quelle voie choisir ?

Il se voyait bien maçon, aussi fut-il mis en apprentissage. Deux ans plus tard, il bifurqua vers une autre orientation. Admis comme stagiaire à l'Arsenal, il se passionna aussitôt pour cette branche dont le maniement des armes et des explosifs est le cœur de métier. Les cours étaient difficiles, tout spécialement axés sur les disciplines scientifiques : physique, chimie, trigonométrie. Il fallut s'accrocher.

Bûcheur et déterminé à mettre toutes les chances de son côté pour être définitivement admis dans cette institution qui fait la fierté des

Toulonnais, il batailla ferme. La réussite fut au rendez-vous au bout de ses efforts. Il passa avec succès le concours final, sésame qui lui ouvrit la porte de l'Arsenal militaire. Il venait d'avoir dix-huit ans le matin même, le 28 mai 1938, quand il fut titularisé dans cet emploi hautement qualifié d'ouvrier artificier. L'avenir s'annonçait souriant.

Doté d'un naturel fonceur, avec un sens de l'amitié aigu, de l'esprit d'équipe aussi acquis dans le club cycliste local, La pédale du Las, le garçon piaffait à présent d'impatience de faire ses preuves, bien décidé à empoigner la vie.

Hélas ! Bientôt, il fallut renoncer aux échappées solitaires dans le mont Faron, se dérouter d'une vie qui se présentait sous les meilleurs auspices, mais qui s'arrêta net. La guerre était devenue inévitable, préparée en secret par le gouvernement français, conduit par Daladier depuis 1938.

Officiellement, elle ne débuta qu'au mois de mai 1940, sur le front de l'ouest, même si la réalité des faits peut l'acter dès septembre 1939. Pour François Marcantoni, une page d'Histoire, de son histoire personnelle tout autant, était en train de s'ouvrir. Adieu l'ancien monde, bonjour au monde nouveau, pour lui en marche.

Chapitre 9

La guerre, oui, mais libre de ses choix

Si l'opinion publique avait du mal à admettre la nécessité d'une deuxième guerre mondiale, que faire d'autre que mobiliser les troupes ? L'extrême droite mettait en avant l'inutilité de la guerre. La gauche socialiste, elle, soutenait le gouvernement Daladier alors même qu'elle approuvait une répression terrible contre le parti communiste français. Le pacte germano-soviétique, qui justifiait une lutte sans merci contre lui, interdisait toute idée d'une union sacrée, comme cela s'était produit en 1914. En même temps, attiser la flamme contre les communistes, c'était porter le fer contre l'Allemagne. N'avait-on pas laissé Hitler flirter de manière un peu trop rapprochée avec Staline ?

Bien loin de toutes ces considérations, à l'Arsenal, c'était l'effervescence dans les ateliers. Jamais l'expression « être sur le pied de guerre » n'avait aussi bien épousé sa signification. François Marcantoni était corse. Ce qui prenait là tout son sens. Il faut garder en mémoire que, d'un élan patriotique solidaire, Kallistè – « la plus belle », au sens grec de son surnom – s'unit contre l'Italie, qui rêvait de l'annexer. C'est la Corse qui protégea les juifs et c'est encore la Corse qui, la première, développa des réseaux de Résistance, pour ainsi dire inexistants sur le continent. Sachons rendre à César ce qui lui appartient.

Tous les Français connaissent le nom de Jean Moulin. C'est heureux. Combien connaissent en revanche celui de Godefroy Scamaroni, alias « Fred », vaillant missionné du général de Gaulle en 1943 pour unir l'ensemble des mouvements ligués contre l'occupant ? Sur le continent, bien peu, assurément, ont son nom en tête. C'est pourtant lui qui, comme Jean Moulin, tombé dans un piège des agents de l'OVRA[2], fut arrêté en mars 1943, une vingtaine de compagnons avec lui. Atrocement torturé à la citadelle d'Ajaccio, il préféra mettre fin à ses jours dans sa cellule plutôt que parler et livrer ainsi son réseau. Une figure de légende lui succéda, Paul Colonna d'Istria, « Cesari » dans la clandestinité.

Après l'opération Vésuve, d'autres actes héroïques furent imputables à la Résistance corse. Ainsi, trois cents maquisards du lieutenant de Peretti soutinrent un véritable siège contre une colonne de mille deux cents Allemands, à Levie. Initiés le 30 septembre 1943, les combats se poursuivirent à Bastia, intenses et acharnés. Quatre jours plus tard, le 4 octobre, le port était libéré du joug allemand. Tout était dorénavant prêt pour accueillir celui qui s'apprêtait à fouler le sol du premier territoire français libéré : le général de Gaulle.

Le lendemain, 5 octobre, une foule en liesse acclama le général qui, venu d'Alger, avait atterri à Ajaccio. L'homme du 18 juin n'oublia pas. À la veille de reprendre le pouvoir, en 1958, et d'opérer un déplacement sur l'île, il eut ces mots :

> « Chaque fois que la France entame une période nouvelle de sa vie et de sa grandeur, il faut que les Corses en soient les artisans et les témoins. »

Incorporé le 13 mai 1941 dans une unité des Chantiers de Jeunesse à Cavaillon, François Marcantoni en fut libéré le 20 octobre suivant, excellemment noté, ainsi qu'en témoigne l'élogieuse appréciation de ses supérieurs.

---

2. *Organizzazione di Vigilanza e Repressione dell'Antifascismo*, ou « Organisation de surveillance et de répression de l'antifascisme » en français, la redoutable police secrète italienne.

« A servi avec vaillance, en esprit d'équipe avec ses camarades pour l'honneur de la jeunesse française, s'est fait remarquer par son ardeur et sa bonne humeur au travail. Loyauté : bonne. »

Hostile à l'idée même d'une capitulation sans combattre, l'encore jeune homme fit l'apprentissage *in vivo* du métier qu'il avait choisi d'embrasser : artificier à l'atelier pyrotechnique. D'un naturel costaud, assoiffé d'aventure, il trouva au sein de la Résistance, qu'il avait intégrée dans le réseau MUR (Mouvements unis de Résistance) du Var, la pleine mesure de ce vers quoi il était porté : l'action. Attaché au village qui l'avait vu naître, il prit tout naturellement le nom d'« Anzin ». Des copains aux noms qui fleuraient bon le maquis (Orsetti, Dionisi), accentuèrent encore cet état d'esprit : ne jamais céder face à l'adversité, mais lutter, combattre et, à la fin, vaincre. Comme il le rappelait maintes fois :

« Si je n'avais pas connu la guerre, la torture de la Gestapo, les coups fourrés toujours possibles dans le Milieu que j'avais intégré, ma capacité à me battre et à résister aurait été mise à mal et aurait sans aucun doute fait de moi la victime expiatoire, le bouc émissaire rêvé pour me faire passer du statut de François Marcantoni à celui de saint François des Assises ! Sans compter les vingt piges d'emprisonnement que la justice m'aurait collées dans sa grande générosité ! »

Une allusion directe à l'affaire qu'il eut à affronter en 1968.

Se battre, pour la patrie, pour son honneur, jusqu'à son dernier souffle, l'homme n'a jamais varié d'un iota. Sa volonté inébranlable de ne jamais entacher ses valeurs a toujours prévalu. Tout le monde, confronté aux épreuves, n'eut pas forcément semblable conduite !

Chapitre 10

Touche pas à ma Résistance !

Le mercredi 23 septembre 2009 sortait le premier numéro d'un nouveau journal sobrement vendu comme « votre nouveau canard satirique ». Son titre : *Bakchich*.

En page 9, dans une rubrique « Au bazar des pipoles », figurait un titre : « Stars et voyous, l'amour fou ». Une promo bienvenue pour la sortie de *Strass et Voyous*. En dessous, une caricature de Marcantoni, fort réussie, « belle gueule » de truand, borsalino fort apparent, contrastait avec celle de Belmondo, en arrière-plan et miniaturisée. Une sorte d'inversion de notoriété... ou de célébrité !

La critique se voulait plutôt flatteuse. Quand bien même, soulignait Éric Laffitte, l'auteur de l'article, ne figuraient pas dans notre ouvrage « de révélations fracassantes sur l'affaire qui allait marquer sa vie », il mettait en avant « un récit enlevé et souvent truculent de ce Corse qui s'assume comme un membre parfois influent du Milieu ». La fin du papier remettait donc heureusement les pendules à l'heure.

En effet, dans sa version en ligne, *Bakchich* avait fait paraître précédemment un article qui, aux yeux de Marcantoni, ne relevait en rien d'un détail de son histoire à lui. Faisant suite à son hospitalisation au Val-de-Grâce, l'auteur du papier avait ironisé sur ce qu'il considérait assurément comme un passe-droit lié aux liens supposés du Corse avec ce qu'il restait d'une ancienne classe politique. En toutes lettres, il était écrit que « ses liens avec la folklorique "bande à Pasqua" s'avèrent toujours étroits ». Puis, un peu plus loin, qu'« entre anciens des services spéciaux, la solidarité corse peut faire des miracles. La preuve : son entourage s'est dépatouillé avec brio pour lui dégoter une place dans le vénérable hôpital militaire. Pour le faire entrer, les amis de François ont mis en avant ses exploits de résistant, arguant la bravoure et le courage du lascar contre les nazis et les collabos ». La fin de l'article était de la même veine. Courageux mais pas téméraire, l'auteur s'était plu à signer son fielleux commentaire d'un loufoque pseudo. L'allusion à la « bande à Pasqua » était claire. Elle visait directement son cousinage avec le préfet Jean-Charles Marchiani. Or, si, à l'occasion, il arrivait à Marcantoni d'avoir à sa table du Méridien un Marchiani, c'était Claude, et non son frère le préfet, ancien proche de *Môssieu* Pasqua !

Après avoir pris connaissance de ce « torchon dont le type qui l'a écrit va se souvenir si j'arrive à savoir qui se cache derrière ce nom à la mords-moi-le-nœud », le sang de Marcantoni n'avait fait qu'un tour. Plusieurs fois, l'homme m'avait demandé conseil, envisageant dans le meilleur des cas un rectificatif et, dans le pire, de faire tout son possible pour le « convoquer au Q.G. et lui demander de s'expliquer entre quatre yeux ». Il n'était pas homme à « laisser passer » et, pour qui le connaissait, mieux valait pour le « journaleux de mes couilles » ne pas avoir à se trouver face à lui. S'il est un domaine où son épiderme était hypersensible, c'était bien celui qui avait trait à la Résistance. Calmer sa fureur avait pris un certain temps. Le mieux, lui avais-je conseillé, était d'essayer de rencontrer un journaliste de la rédaction de ce nouveau périodique et de négocier un papier qui restituerait la vérité. « Chargez-vous-en », m'avait-il indiqué. Merci du cadeau, Monsieur François !

J'avais donc pris contact avec cet Éric Laffitte. Nous étions convenus d'un rendez-vous dans un café du quartier Saint-Michel. Journaliste sympathique et consciencieux, il m'avait certifié qu'il vérifierait les états de service que je lui indiquais tenir de Marcantoni en personne. En nous quittant, il m'avait donné l'assurance que si les faits présentés étaient avérés, justice lui serait rendue dans un article à venir. Chose suffisamment rare pour être soulignée, c'était un homme qui tenait parole. La conclusion de son article dans la version papier en témoigne :

> « On a même droit à un passage sur notre site *Bakchich*, contre lequel Marcantoni est très remonté. Nous nous étions rendus coupables à ses yeux, alors qu'il était hospitalisé au Val-de-Grâce, d'avoir ironisé un peu rapidement sur ses titres de Résistance lui permettant d'être soigné dans cet établissement militaire. Vérification faite depuis, Marcantoni a bien participé au sabordage de la flotte à Toulon. Réfractaire au STO, son action au service de la Résistance est avérée. Dont acte. »

Dans le prolongement de cette vision que beaucoup, et pas que des journalistes, se sont faite du « truand » Marcantoni, pieds et poings liés à l'affaire Markovic, zappant allègrement une implication avérée aux heures sombres, comment ne pas rendre compte d'une anecdote dans la lignée du personnage, violent à l'occasion, mais nanti d'un humour instantané ?

Nous étions dans les années 2000. Marcantoni avait participé à l'une de ces émissions où, précisément, sa présence et son charisme faisaient merveille et subjuguaient les animateurs, tombés sous un charme qu'il savait par ailleurs savamment entretenir. C'étaient les débuts d'Internet pour lui. Par voie de conséquence, les réseaux sociaux commençaient à bruire, souvent décriés, garants néanmoins d'une certaine vitalité dans nos démocraties.

Une fin de matinée, le téléphone sonna. Au bout du fil, Marcantoni. Il avait quelque chose à me demander. Ce qui ne pouvait être dit qu'à son Q.G. ! « Mais ça n'a rien d'urgent », tint-il tout de même à préciser. Au jour indiqué, l'accueil fut extrêmement cordial quand j'arrivai, sur le coup de 18 heures. Deux autres de ses amis étaient assis à ses côtés, Maud le Kabyle et Gérard, des acolytes presque de jeunesse ! Lui, souverain comme à l'habitude, tétait le Montecristo, un verre de whisky à portée de main. Quelques anecdotes s'enchaînèrent, connues pour la plupart depuis des lustres par les deux autres lascars. Mais sa façon de les raconter, parfois avec une variante, produisait toujours son effet.

Il fut convenu que nous irions tous dîner au Petit Salé, sa cantine, où la patronne et sa fille l'avaient « à la bonne », prenant soin de le placer, qu'il fût seul ou accompagné, près des cuisines, légèrement à l'écart des autres tables. Le temps s'écoulait, entre rires et discussions variées. Soudain, il se rappela ce qu'il voulait demander :

– Dites-moi, messieurs, vous vous y connaissez, vous, dans l'Internet ?

– Bof ! Très peu. Pourquoi donc ?

– Eh bien, voici : j'ai appris qu'un connard avait écrit sur Internet que j'avais certainement été un résistant de la dernière minute. Du grand n'importe quoi ! Je voudrais juste savoir une chose, connaître votre point de vue. Est-ce que l'un de vous saurait s'il est possible de le retrouver, ce connard ?

Notre perplexité à tous trois parla d'elle-même. Face à toute absence d'indices d'identification du « connard » désigné, difficile – pour ne pas dire impossible – de remonter jusqu'à l'auteur, ce que nous lui répondîmes presque à l'unisson. Alors, prenant pour ainsi dire la pose, d'un geste majestueux, il leva à ce moment le bras par-dessus son épaule… Moment ô combien solennel !

– Parce que je vais vous dire, messieurs, écoutez bien. Ce connard a signé d'un pseudo : « la fouine ». Une fouine, messieurs, ça vit bien dans un terrier, non ? Eh bien, messieurs, je vais vous dire, moi,

Marcantoni, croyez-moi, si j'arrive à le faire sortir de son terrier, il va s'en souvenir, du faux combattant ! Et il va lui en cuire !

Maud crut s'étrangler… de rire !

– T'as raison, François. Mais tu pourras jamais remonter jusqu'à lui.

– Alors, tant pis. Santé, les amis.

À peine les verres eurent-ils repris leur tintement que, stimulé par l'écho fait à sa boutade, il repartit sur les chapeaux de roues, tout sourire, pour « une nouvelle vérité qui me revient, messieurs ». Et, habitué à ses facéties pas forcément en lien entre l'anecdote qu'il venait de livrer et la suivante, chacun se reput à cet instant de l'œil malicieux qu'il glissa dans notre direction.

– Tenez, pour changer de sujet et abandonner ce connard de mes deux à ses écrits de merde, me revient à l'instant un souvenir de ce pauvre « Planche », que j'ai bien connu quand je tâtais un peu des blondes[3] à la sortie de la guerre. Une vendetta avait éclaté entre Jo Renucci et Ange Saliceti. Planche faisait équipe avec Renucci. Les cadavres s'allongeaient. Un jour qu'il déjeunait chez son avocat, le ténor du barreau Émile Pollak, l'épouse de celui-ci lui avait glissé : « Oh ! Antoine – son prénom de baptême –, vous n'allez pas vous laisser abattre ! » Quelque temps plus tard, le long d'un cimetière à Marseille, il se faisait dessouder ! Deux balles tirées à bout portant lui explosèrent la boîte crânienne. Puis vingt-deux autres pour l'achever… au cas où !

Ainsi parti, il devenait inarrêtable, même si un policier se trouvait à sa table… c'est arrivé ! Mais chut ! En pareil cas, rien de mieux que de se retrancher derrière le titre du livre de l'ami Pousse : *J'balance pas, j'raconte !* (Le Pré aux Clercs, 2005).

---

3. Les cigarettes.

Chapitre 11

Un témoignage touchant

Par une belle soirée d'août 2003, la sonnerie du téléphone retentit. À l'autre bout du fil, reconnaissable entre mille, la voix du Don Corleone corse. Après quelques échanges de banalités, ce qui devait arriver arriva :

– Est-ce que vous pouvez passer à l'appartement un de ces quatre ? J'ai une bonne nouvelle à vous annoncer.

– Ah bon ? Bien sûr, cette bonne nouvelle ne peut être divulguée au téléphone ?

– En effet. Alors ? Demain ? Après-demain ? Il n'y a pas urgence.

Le surlendemain, je me rendis donc chez lui. Sans doute fallait-il que ce qu'il avait à dire fût important pour avoir fixé la rencontre chez lui et non au Q.G. Comme à l'accoutumée, une bouteille de vin qui ne demandait qu'à être débouchée était posée sur la table du séjour. Vint très vite un rituel : redescendre acheter deux barreaux de chaise au tabac des Ternes, tout proche. Remonté à l'appartement, je me demandais toujours quelle était la raison de cette invitation à son domicile.

L'attente ne dura guère. Comme chaque fois qu'il m'accueillait dans son antre, tandis qu'il se saisissait d'une liasse de papiers, un peu au hasard tant il y en avait des dizaines et des dizaines éparpillées dans un désordre hallucinant, je fixai une très belle photo qui trônait sur un meuble chinois servant de support au téléviseur. Quelques autres tapissaient en partie les murs, dédicacées par des stars amies.

Cette photographie-ci revêtait chaque fois que mon regard se portait sur elle un caractère tout particulier. Le visage, seul éclairé, fixait l'objectif. Quiconque voyait cette image était forcément frappé par le magnétisme qui émanait du regard d'acier. Les stries d'un front haut, bien apparentes, portaient la marque du temps déjà passé. Sous le col d'une chemise foncée, ces quelques mots blancs se détachaient, écrits à la main : « Pour Vous, mon Cousin, que j'aime, respecte et admire. » Juste en dessous, deux lettres entrelacées facilement identifiables : AD.

Tandis que mes yeux s'étaient déportés de cette photo d'Alain Delon, Marcantoni avait enfin trouvé ce qu'il cherchait. Quelques jurons s'évadèrent de sa bouche, sa quête de la précieuse enveloppe ayant pris un peu de temps. Maintenant qu'il l'avait en main, il l'ouvrit, me la présenta :

– Tenez, lisez.

Deux impératifs suffisamment expressifs ! Exécution. Je lus. Sur une page, j'aperçus en haut, au centre, qui se détachait, comme pour apporter plus de solennité, la mention « République française ». Une illustration tranchait avec le blanc de la feuille, en noir. Tout de suite en dessous, il était spécifié :

La Nation reconnaît les services rendus à la France par

M Monsieur François MARCANTONI

qui a participé à la seconde guerre mondiale et combattant volontaire de la Résistance

Le Secrétaire d'État aux Anciens Combattants

« La Nation reconnaît les services rendus à la France par Monsieur François MARCANTONI, qui a participé à la Seconde Guerre mondiale et combattant volontaire de la Résistance. »

Suivait la signature du secrétaire d'État aux Anciens Combattants, Hamlaoui Mekachera.

– Tournez la page, continuez.

J'obtempérai. Le médaillon qui ouvrait la page était celui de l'Office national des anciens combattants, l'ONAC, orné de la devise « Mémoire et solidarité ». L'envoi provenait de Toulon et datait du 21 août 2003. La dernière page était ainsi libellée :

« Enregistré sous le n° 83/33095.

À Toulon, le 05/11/2002.

Pour le Préfet et par délégation […]. »

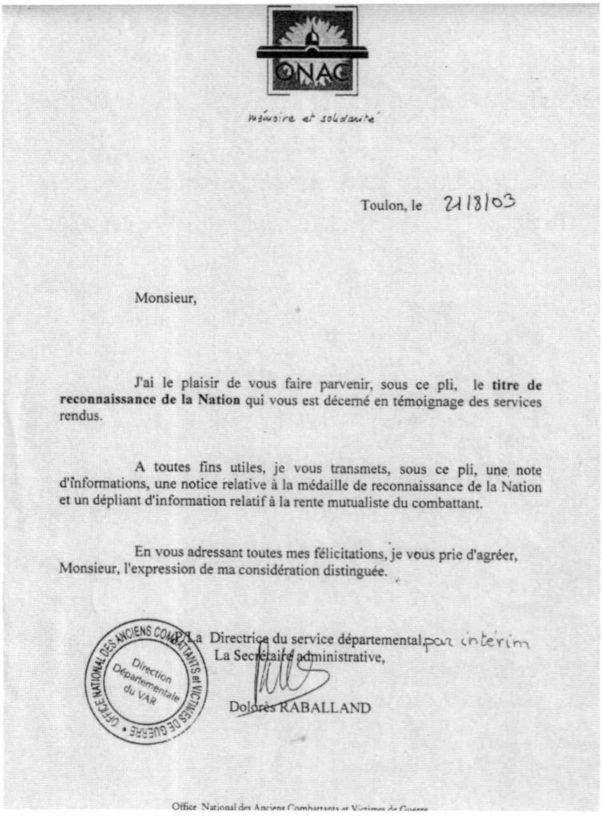

ONAC

mémoire et solidarité

Toulon, le 21/8/03

Monsieur,

J'ai le plaisir de vous faire parvenir, sous ce pli, le **titre de reconnaissance de la Nation** qui vous est décerné en témoignage des services rendus.

A toutes fins utiles, je vous transmets, sous ce pli, une note d'informations, une notice relative à la médaille de reconnaissance de la Nation et un dépliant d'information relatif à la rente mutualiste du combattant.

En vous adressant toutes mes félicitations, je vous prie d'agréer, Monsieur, l'expression de ma considération distinguée.

P/La Directrice du service départemental par intérim
La Secrétaire administrative,

Dolorès RABALLAND

OFFICE NATIONAL DES ANCIENS COMBATTANTS et VICTIMES DE GUERRE • Direction Départementale du VAR

Office National des Anciens Combattants et Victimes de Guerre

Le cachet de la direction départementale du Var accompagnait le paraphe de la secrétaire administrative. François me fixa, l'œil pétillant. Fier, comme il se devait, je l'entends encore aujourd'hui me dire :

– Voilà qui va faire taire tous les journaleux et autres pisse-copies qui n'ont toujours voulu voir en Marcantoni que le truand, le parrain, encore le truand, toujours le parrain. Et eux, pour ceux qui ont mon âge, plus de quatre-vingts piges, où étaient-ils en 1941, 1942 ? Et les condés ? Combien résistaient ? Je les emmerde tous. J'espère qu'à présent, tous ceux qui, dans des bouquins, dans leurs canards, ont bavé sur moi vont avoir à s'excuser. Eh oui, j'ai été gangster. Eh oui, j'ai appartenu au Milieu et je n'en ai pas honte. Mais toute ma vie, j'ai combattu. Pour la patrie. Pour mon honneur. Et demain, je combattrai encore si je dois le faire… même à mon âge. Parce qu'il y a ceux qui en ont et ceux qui n'en ont pas ! Pas besoin d'un dessin, n'est-ce pas ? Pour ma part, j'appartiens à la première catégorie, ceux qui en ont. Toute ma vie m'en est témoin jusqu'à aujourd'hui.

Ce soir-là, dans ce séjour qui avait tout d'un capharnaüm, la bouteille de vin posée sur la table y resta. Sur sa recommandation, j'allai jusqu'au réfrigérateur et, de retour au salon, nous bûmes un peu plus que de coutume… du champagne !

N'est-il donc pas temps d'entrer dans cette partie de la vie de celui que l'auteur Claude Dubois a qualifié dans son ouvrage *Paris Gangster* (Parigramme, 2004) de « gangster préféré », tout en le lui dédiant ? N'est-il pas temps de rétablir certaines vérités, à commencer par faire état de son implication totale et entière dans la Résistance ? Ils ne furent en effet pas si nombreux, au début des hostilités, à pencher du côté de son engagement plutôt que de se soumettre à Vichy. Sans doute donc n'est-il pas vain de mentionner les circonstances qui l'ont conduit à s'impliquer dans la clandestinité. Car, par pudeur, lui-même ne s'est guère étendu sur le sujet, exception faite des fois où il eut à se défendre de propos qu'il pouvait considérer comme attentatoires à son honneur car diffamatoires.

Tout partit, en fait, d'une bagarre dans un bar à matafs[4] de Castigneau[5]. Ce soir-là, avec quelques compagnons, insulaires eux aussi, ils furent pris à partie par une bande de types fortement imbibés d'alcool. « Ils n'aimaient pas les Corses et ils nous le firent savoir. Enfin, ils le crurent. Alors que nous les ignorions, ils s'avancèrent vers nous et nous interpellèrent : “Eh, les gars, on est de la LVF[6]. – Oui, et alors ? – Alors, on va vous empaffer !” » Mal leur en prit. Peu après le début des hostilités, les miliciens éméchés se retrouvèrent dans les eaux boueuses de la darse.

– C'est à la suite de cette héroïque épopée qu'un groupe de Savoyards, mis au parfum de notre « vaillante » riposte, nous contacta, mes potes et ma pomme. Convaincus de notre hostilité à l'encontre des Boches et des Ritals, ces résistants de la toute première heure insistèrent pour nous embrigader. Pour ma part, je fus *presto rapido* mis à l'épreuve. Ma première mission, un test en quelque sorte, fut pour moi un jeu d'enfant… enfin, presque ! Elle consista à sortir des détonateurs et des munitions de l'Arsenal, mon employeur, au nez et à la barbe des gendarmes maritimes. Ils étaient ensuite remis à des camarades corses déjà engagés dans la clandestinité, comme Jeannot Dionisi, Jeannot Orsini, Louis Sabielli, Jacques Bruschini, mon voisin de palier qui plus est – ou presque ; nous habitions le même immeuble.

Cette « aventure palpitante » dans l'« inconscience de la jeunesse », qui « seule révèle les valeurs qu'a en lui l'individu », se prolongea quelques mois. Une alerte aurait pu être payée plus chèrement qu'elle ne le fut. Un jour de mai 1942 où l'intrépide Marcantoni oublia la

4. Argot classique pour « marins », « matelots ».
5. Annexe de l'Arsenal, base navale de Toulon.
6. Légion des volontaires français, fondée le 5 août 1941 à Paris par Marcel Déat, Jacques Doriot et Eugène Deloncle, collaborationnistes.

prudence, « par routine et par excès de confiance en moi probablement », les choses faillirent bien mal tourner. Juste avant de franchir la porte de l'Arsenal, les « poches bourrées d'explosifs », un gendarme maritime le fit mettre de côté pour un contrôle.

– Le bougre, il ne pouvait guère faire autrement, un Fritz-gendarme étant placé juste à côté de lui pour procéder à d'autres contrôles. Me laisser partir aurait éveillé les soupçons de son alter ego allemand. J'ai eu un coup de bol terrible. Mon palpeur s'est évidemment rendu compte illico, dès ses toutes premières palpations, de ce que j'avais dans mes poches. Mais, suffisamment fort pour être entendu de son collègue, il m'a lancé un « Allez, passez », non sans ajouter, mais à voix basse cette fois : « Fais gaffe, c'est dangereux ce que tu fais, de jouer avec le feu ! » Je ne me le suis pas fait dire deux fois. J'ai décampé, et vite. Puis, j'ai mis en application son conseil : à l'avenir, faire gaffe.

Le 27 novembre 1942, au petit matin, Marcantoni fit donc partie d'une poignée de résistants qui, sous les ordres de l'amiral Laborde, sabordèrent les infrastructures en capacité d'accueillir la flotte française à Toulon, au moment où une division SS envahissait la ville portuaire ; une opération programmée en amont dans l'éventualité d'une pareille situation. Il avait eu pour attribution de s'occuper des bâtiments amarrés aux appontements de Milhaud, ainsi que de toutes les installations électriques. Mission accomplie à la perfection. Une fierté restée intacte :

– Ah, ça oui ! Avec les copains, on avait fait du bon boulot. Au soir du 27 novembre, la flotte française, *pfuitt*, disparue. Et quel feu d'artifice !

Ce « coup de tabac, coup d'éclat » réussi avec mention très bien, pas question de plonger dans l'inactivité. Ce fut donc au sein du réseau MUR que l'aventure résistante de Marcantoni se poursuivit, sous les ordres du capitaine Salvatori, chef des Forces françaises de l'intérieur, les FFI. Sans doute fut-ce la nouvelle mission qui lui fut confiée qui fit de lui un chauffeur recherché quand il intégra par la suite le Milieu, puisqu'elle consista à fournir des voitures pour mener à bien les actions contre l'ennemi. Là encore, il s'acquitta au mieux de sa tâche. Ses qualités, doublées d'un sens de la solidarité accompli, n'échappèrent pas au patron. Comme Marcantoni avait pris le large pour ne pas répondre à une convocation pour partir en Allemagne au Service du travail obligatoire, le STO, le 9 septembre 1943, le capitaine Salvatori, en accord avec d'autres responsables régionaux de la Résistance, recommanda son vaillant subordonné au commandant Charles Mohler, dit « Duvernois », chef du groupe franc de Lyon. Pas question dans cette nouvelle donne de rester sur Toulon, où la Gestapo était à sa recherche. Notre Marcantoni se vit donc aussitôt admis dans la Résistance rhodanienne, et immédiatement mis à pied d'œuvre pour de nouvelles missions.

Une qu'il reçut avec une joie non feinte fut celle où ses chefs lui confièrent la fabrication d'explosifs, avec à charge pour lui et ses camarades de les utiliser de la meilleure des façons contre l'occupant.

– Mission réussie cinq sur cinq. Mais je n'avais guère de mérite : c'était mon job à l'Arsenal. Enfin… seulement de les fabriquer !

Bien vu de ses supérieurs, il reçut l'ordre de monter à Paris avec deux autres camarades du réseau. « La chance est parfois à l'image de certaines femmes : capricieuse et versatile. Elle vous sourit un temps, puis elle vous abandonne », lui arrivait-il de dire, en homme qui en connaissait long sur le chapitre féminin.

Le 28 février 1944, de retour d'une opération délicate contre le fort de Rosny occupé par l'ennemi, la voiture volée qu'il conduisait fut prise en chasse par une voiture de la Wehrmacht. Cette dernière parvenue à la hauteur des fuyards, il s'ensuivit un échange nourri de coups de feu. Pied au plancher, seul espoir de distancer le véhicule adverse, Marcantoni finit par le semer. La peur d'être rattrapé fut si forte que, au lieu de lever le pied, comme grisé par la vitesse endiablée qu'il avait imprimée à la voiture, il poursuivit sa folle équipée, en totale inconscience du danger. Grave erreur puisque, après qu'il en eut perdu le contrôle, l'automobile finit sa course contre la pile d'un pont, dans un immense fracas. Marcantoni, rappelant cet épisode « tragiquement rocambolesque pour moi et mes deux camarades », se la jouait volontiers philosophe :

– Ce jour-là, ce n'était pas mon heure ! J'en acquis la conviction lorsqu'un jour, bien des années après cet épisode, une célèbre cartomancienne m'annonça que je vivrais très vieux, que je tomberais à quatre-vingt-seize ans sous les balles d'un mari jaloux, mais que j'en réchapperais !

Errare humanum est ! Mais si la mort, ce jour-là, ne voulut pas de lui, il fut tout de même grièvement blessé au bras et à la tête. Heureusement, ses amis « réussirent à [le] conduire chez un médecin, le docteur Amestoï, rue de Longchamp. Cet homme courageux [le] soigna et [le] cacha le temps de [sa] convalescence. [Il resta] mutilé et [toucha] une pension de cent pour cent comme grand invalide de guerre », écrit-il dans *La Conjuration* (Olivier Orban, 1976).

Remis de cet accident, il ne séjourna guère longtemps dans la capitale des Gaules, puisqu'une nouvelle mission lui fut confiée sur Paris en 1944. Et quelle mission ! Traquer, filocher, puis abattre un certain Henri Couchoud. Ce nom, certes, n'est pas passé à la postérité. Mais celui de son supérieur direct, oui. Le dénommé Couchoud, ancien membre de la LVF, était l'un des adjoints du sinistre patron de la Gestapo de Lyon, Klaus Barbie. Parvenu à le « loger », Marcantoni se positionna un jour de mai devant l'hôtel où son « client » était entré, guettant tranquillement qu'il en ressortît.

Le sort en décida autrement, sous la forme de deux policiers français en civil qui eurent le culot de lui demander les papiers du véhicule dans lequel il patientait. La suite, il l'a lui-même racontée dans ses ouvrages anciens. Peu sensibles à sa mise en avant de « qualités patriotes » lorsqu'il eut présenté les faux papiers dont il disposait, les membres de l'autorité le remirent à la Feldgendarmerie, qui le livra à la Gestapo du square Montholon. Les deux camarades déjà entrés dans l'hôtel où Couchoud avait été localisé échappèrent, par chance, au même sort. Torturé à coups de règle en fer sur les phalanges des doigts pendant des heures par de « bons Français » qui voulaient savoir de quelle organisation structurée il était membre, il encaissa sans faillir, niant de toute la force qu'il lui restait cette volonté de lui faire cracher le morceau. Quarante-huit heures durant, de manière presque ininterrompue, les coups plurent. Il ne céda pas. Remis à la police française par un officier allemand écœuré de n'avoir pu lui arracher le moindre renseignement, il atterrit à la Santé comme droit commun. Il n'en ressortit qu'à la Libération.

Au terme de ce chapitre sur la conduite d'homme de devoir et d'honneur que fut Marcantoni sous l'Occupation, voici un large extrait de la lettre qu'écrivit depuis Ollioules François Salvatori, dit « Savary », au ministre de la Défense Charles Hernu, le 28 décembre 1984. Rappelons que cet homme fut le supérieur hiérarchique de Monsieur François, chef des FFI du Var et ex-commandant du régiment des Maures. La lettre jette un voile de lumière sur celui dont les médias – et pas qu'eux – n'ont voulu mettre en avant que la seule part d'ombre.

« Monsieur le Ministre,

Après une longue période de discussion avec les services compétents du ministère des Anciens Combattants, Monsieur François Marcantoni, déjà titulaire de la carte de combattant volontaire de la Résistance et pensionné de guerre, vient de se voir enfin reconnaître la qualité d'interné résistant qui aurait dû lui être attribuée depuis 1945 s'il n'avait été, dans la longue période de troubles de la Libération, innocente victime de machinations fomentées par des policiers félons, largement compromis avec l'occupant. Aux côtés d'authentiques et prestigieux résistants, je m'honore d'avoir soutenu la cause de François Marcantoni dès que j'ai été informé des persécutions dont il avait été accablé, lesquelles, pour une part appréciable, doivent être imputées à certains de ses errements d'après-guerre. François Marcantoni, invalide de guerre, pensionné à 100 % plus 27 degrés, par surcroît fils d'ancien combattant cité à Verdun, ne sera à mes yeux rétabli dans la plénitude de ses droits que s'il lui est à présent accordé, après tant d'années de misère administrative, la reconnaissance suprême de son comportement héroïque pendant toute cette période de clandestinité. Aussi, en ma qualité d'ancien responsable des FFI du département du Var, auxquelles il a appartenu, j'ai l'honneur de proposer François Marcantoni pour l'attribution de la Médaille Militaire avec une citation à l'ordre de l'Armée pour le motif ci-après : "Toujours volontaire pour les missions les plus délicates et les plus dangereuses, il a, en ma compagnie et celle des capitaines Tramoni et Sébeille, fait sauter un train blindé à Saint-Jean-du-Var, près de Toulon, à la mi-novembre 1943. Grièvement blessé le 28 février 1944 à la suite d'un coup de main contre le Fort de Rosny, près de Paris, en compagnie d'autres résistants, son rôle était de fournir à la Résistance des véhicules de transport, des explosifs, des armes destinées à différents groupes de résistants, de couvrir ou d'effectuer directement certains sabotages. Marcantoni s'est attaché à réaliser efficacement ces missions au péril de sa vie. Arrêté par la Gestapo le 19 mai 1944, en service commandé, longuement interrogé et torturé, il n'a pas parlé [...]."

Je vous prie instamment, Monsieur le Ministre, de donner une suite favorable à cette demande. Elle honorera le gouvernement qui prendra cette décision et aura su passer outre tous les pièges et toutes les calomnies qui jalonnent la route de ce combattant d'exception. »

Deuxième partie

AU CŒUR DU MILIEU

Chapitre 12

Mafia ? Milieu ? Familles ? Clans ? Parrain ? Caïd ?

« Ne pas se laisser abattre » ; une expression qui revenait souvent dans la bouche de Marcantoni. Devant l'adversaire, pendant la guerre, il avait « assuré », dirait-on aujourd'hui. Raison suffisante pour obtenir de l'État d'être soigné dans un hôpital militaire, tel que le Val-de-Grâce, « n'en déplaise à ceux qui n'ont toujours voulu voir en moi qu'un truand ! » Une insistance peut-être probablement avancée de manière trop récurrente, qui n'avait pas l'heur de plaire à tout le monde. Ainsi, au cours d'un interrogatoire, un juge n'y était pas allé par quatre chemins : « Marcantoni, jusqu'à vingt ans vous étiez un exemple pour la jeunesse, mais après… » Sitôt la phrase lâchée, théâtral à souhait, il mimait la scène. Un pur moment de drôlerie tant il surjouait !

Pourtant, cette AOC qui lui a collé à la peau sa vie durant, voire *post mortem*, il faut bien en parler. Elle ne relève pas d'une *fake news* – anglicisme détestable qui doit faire se retourner dans leur tombe un Voltaire, un Chateaubriand, un Camus. « Truand », « gangster », ce sont là des termes au demeurant que Marcantoni trouvait coller mieux à ce qu'il avait été que celui de « parrain », à ses yeux inapproprié pour qualifier ce qu'était le Milieu de son époque. Que de fois il l'a dit et répété :

– En France, il n'y a pas de parrain, il n'y en a jamais eu. Mais vous verrez que le jour où je ferai la bascule, les journaux feront leurs gros titres avec « La mort du dernier parrain », « Le parrain François Marcantoni s'en est allé », etc.

Une vision qui, avouons-le, n'avait rien, en soi, de prophétique ni de divinatoire !

Nuance subtile, il concédait que cela l'amusait toujours quand on le saluait d'un : « Bonjour, parrain. » « Dans la vie, il faut savoir faire des concessions ! » ajoutait-il de suite. Et puis, cette appellation, certes erronée pour ce qu'avait été son implication dans le Milieu, rehaussait en quelque sorte son prestige. Un point qu'il était loin de négliger ! Eût-on poussé le bouchon un peu plus loin en titillant son ego, il finissait par conclure qu'« il s'en foutait », conscient que « ce mot "parrain" avait de la gueule et sonnait bien mieux auprès du grand public que "caïd", moins vendeur ! » Il admettait enfin, ni contraint ni forcé, qu'il lui avait fallu être parrainé par un ancien pour être introduit dans le saint des saints du gangstérisme, le Milieu. Il se défendait aussitôt de voir dans ce parrainage et dans le Milieu une sorte d'exclusivité. Pointilleux sur ce chapitre, il se lançait dans une violente diatribe contre celui qu'il considérait comme bien plus dangereux que son Milieu à lui, le milieu politique, qu'il n'hésitait pas à présenter parfois comme la Camorra et la Cosa Nostra réunies, rien que ça ! Il suffisait de le brancher sur le sujet pour qu'éclatât sa colère.

– Et alors ? En politique, tous ceux qui ont brillé au sommet de l'État n'ont-ils pas dû avoir, eux aussi, un parrain ? Qui connaîtrait Giscard sans Pinay et Edgar Faure, Fillon sans Le Theule, Sarkozy sans Peretti, Estrosi sans Médecin, Chirac sans Pompidou ? Et combien d'autres ! Seulement, eux, les politiciens, vous autres journalistes, vous ne parlez jamais à leur propos de « parrain » ! C'est toujours à nous, les gens du Milieu, que vous donnez ce faux titre. Et si on veut mettre les points sur les « i », je vous le demande, de ces deux milieux, lequel a le plus de couilles, hein ? Nous, on règle nos comptes. Eux aussi… en déléguant ! Un jour qu'un condé emplumé m'avait balancé qu'on n'avait pas besoin de types comme moi dans la société, je lui avais envoyé dans la gueule que, pendant la guerre, c'étaient pas eux, les flics, les plus à l'avant-poste en matière de résistance. Sait-on combien de magistrats refusèrent de prêter serment à Pétain ? Un seul.

Dans ces moments-là, il ne racontait plus, il éructait ! Après s'être ainsi emporté, surtout quand un petit groupe d'individus qui partageait sa table avait salué sa prestation – son côté acteur assez cabot sur les bords – il baissait le ton et finissait par concéder que oui, il était entré dans ce monde particulier grâce à un compatriote qui lui avait été présenté, Pierre Cuccuru, dit tout simplement « Cuc ». Sur le personnage, il était intarissable. Comment ce parrainage s'était-il produit ? Et alors notre homme était parti pour une bonne dizaine de minutes à conter la naissance de son « entrée en gangstérisme ».

Comme tout a une fin, vint l'heure de la Libération. Après avoir été encristé à la Santé, livré par la Feldgendarmerie à la Gestapo et incarcéré sans avoir parlé, la lourde porte de la plus célèbre prison de France finit par s'ouvrir devant lui, laissant derrière elle l'horreur… mais aussi la crainte du lendemain. Bien décidé, le ventre creux, à conquérir Paris, il s'empressa de reprendre contact avec des compagnons connus au sein de son réseau, ainsi que dans d'autres réseaux, à l'occasion.

Il établit son fief près des Folies Bergères. Une raison à cela : il était beau mec et la vedette de la revue était tombée sous son charme. Le spectacle terminé, la soirée se prolongeait souvent dans un restaurant de luxe situé à proximité. Le patron était un Corse. Un autre insulaire figurait parmi les habitués. Je vous le donne en mille : Pierre Cuc. Affable, avenant, François ne tarda guère à sympathiser avec lui. Les liens se resserrèrent encore lorsqu'il apprit de la bouche même de son compatriote qu'il était dans la clandestinité, sous le nom de Cuccari, le garde du corps d'un futur homme politique majeur de la Ve République, Jacques Chaban-Delmas.

Cuc, pour sa part, outre ses racines corses et son engagement contre l'ennemi, vit très tôt en Marcantoni – répétons-le, solide gaillard d'alors vingt-quatre ans et, pour son âge, déjà bien rompu à une vie à l'opposé du mode « pépère » – un gars « qui en avait dans le pantalon ». De rencontres en rencontres, d'amitiés habilement nouées au fil des semaines, auxquelles il fallait bien ajouter, malgré la présence de sa ravissante conquête danseuse des Folies, un papillonnage sentimental effréné, sa vie, il en était de plus en plus convaincu, c'était à Paris, la Ville lumière qui sortait de l'ombre, qu'il devait la poursuivre et, si possible, elle aussi… la mettre à ses pieds !

Précision non dénuée d'importance : au sous-sol du restaurant, cercle clos, des parties de passe anglaise acharnées se jouaient. De poker tout autant. Pour qui avait les poches vides, pareille aubaine était à prendre en considération. Combien de fois les gens qui l'ont côtoyé ont-ils entendu ce propos :

– La chance m'a souvent favorisé… au jeu ! La chance, enfin… je l'ai bien parfois un peu provoquée. Mais c'est comme une femme, elle aime être désirée ! Je me suis pas trop mal débrouillé, et pour les jeux, et pour les femmes !

Plus d'une fois, à en croire ses paroles, dans ce sous-sol où de grosses sommes changeaient de propriétaire, François Marcantoni fit partie de ceux pour qui le lancement des dés avait été hautement favorable. L'esprit alors serein et ragaillardi par ces rentrées d'argent opportunes, il remontait à l'étage « régaler les amis ». Le champagne allait de soi et coulait à flots. Comment résister à la citation d'une phrase qu'il se délectait de reproduire dans tous les médias et dans ses ouvrages, que la postérité journalistique a retenue ?

« Quand on a goûté au champagne, difficile de revenir à la limonade. »

Une autre variante de la même veine, qu'il affectionnait pareillement :

« Quand on a goûté au caviar, un plat de lentilles paraît fade. »

Effet garanti sur l'auditoire !

Chapitre 13
Savoir toucher au grisbi

C'est un secret de polichinelle que les ballerines de l'Opéra ont pu, à une certaine époque déjà lointaine, se muer en « danseuses » d'hommes puissants : industriels, politiciens, directeurs de journaux, etc. Vedette de la revue, la dulcinée de Marcantoni partageait la vie d'un homme qui aurait pu facilement passer pour son père. La guerre n'avait pas eu d'effets négatifs sur son train de vie. Son enrichissement avait même démesurément gonflé pendant toute cette période où le bon peuple de Paris courait après la victuaille.

Pour Marcantoni, l'homme de sa belle, « trop riche pour être blanc-bleu », devait payer pour ce que lui avait enduré de souffrances diverses. Habilement mise en condition, la jeune femme donna l'adresse de son protecteur, qui l'hébergeait dans un somptueux appartement des quartiers chics. Ce qui devait arriver arriva.

– Un après-midi, avec trois camarades que j'avais recrutés, nous avons mis en action une pratique qui s'est beaucoup développée dans ces années du lendemain de la Libération : celle des faux policiers. Vous arrivez chez l'occupant des lieux, frappez à sa porte. S'il est là et qu'il vous ouvre, vous lui dites, l'air convaincu : « Police. On nous a signalé votre conduite sous l'Occupation. Veuillez nous suivre au commissariat. » Vous, vous êtes là, en tenue de flic. Lui, sachant quelle a été sa conduite passée, a une pétoche du diable. Pas besoin de dire : « On peut peut-être s'arranger. » Non. Vous le laissez venir. Prêt à faire dans son froc, c'est lui qui vient à vous : « Messieurs, j'ai une famille, je vous en supplie, est-ce qu'on ne peut pas trouver un arrangement à l'amiable ? » Vous, l'air offusqué : « Pardon, vous pouvez répéter ? Vous savez que vous aggravez votre cas ? Tentative de corruption de fonctionnaire. » Là, s'il n'a pas succombé à une crise cardiaque, il est cuit et recuit. À vous de jouer la bienveillance… et de vous faire comprendre : « Monsieur, pour cette fois, il n'y aura pas de suite… » Tout tient alors dans le « mais ». Une demi-heure plus tard, vous êtes loin, le type a vidé son coffre, planqué derrière une toile de maître. À vous la belle vie !

Ah ! Ce coup des faux policiers, que de fois ses amis et moi l'avons entendu ! Impossible de passer sous silence une anecdote qui relève directement de la Commedia dell'arte. Lorsqu'il en achevait le récit, fût-ce pour la quatorzième fois, les rires fusaient toujours avec la même spontanéité.

Mais redonnons la parole à l'Absent. Qui sait si, de là où il est, il ne va pas y aller de son rituel : « Alors maintenant, les amis, je vais vous en dire une bien bonne. En plus, je ne l'ai pas inventée, elle est véridique ! »

– Écoutez bien, les amis. La scène se passe au métro Cadet. Comme vous le savez tous ici, la rue Cadet est depuis longtemps réputée, comme la ville d'Anvers en Belgique, pour ses diamantaires. Une femme nous avait été signalée – dénoncée, si vous voulez. Nous savions que tel jour, vers telle heure, elle devait sortir du métro, porteuse de ces précieux bijoux. Précision que je dois porter à votre connaissance : il nous avait été dit qu'elle les aurait planqués… dans sa culotte ! Au jour dit, avec deux compagnons, nous nous sommes donc mis en planque, nous aussi, habillés en policiers. Soudain, nous la voyons qui sort du métro. Pas de doute possible, c'est bien la femme qui nous a été dépeinte. Nous nous portons de suite à sa hauteur : « Police, madame. » À ce mot, sa réaction allait de soi : elle était prise au piège. Ses : « Comment ? » n'avaient aucun effet sur nous. « Madame, on sait que vous êtes une trafiquante. Vous avez été dénoncée. Il va falloir nous accompagner jusqu'au commissariat.

Veuillez nous suivre jusqu'à la voiture. » Nous l'avons fait monter dans notre véhicule noir, comme ceux utilisés par la police de l'époque. Mes potes m'avaient désigné pour la manœuvre jugée la plus délicate, à savoir la récupération des diams'. Une tâche dont je me suis acquitté au mieux, je pense ! En possession du précieux contenu, nous l'avons relâchée dans une rue tranquille. Elle avait mouillé sa culotte quand j'avais porté la main à son trésor. Mouillé de peur, évidemment ! Mais j'ai dit à mes compagnons, hilares : « Les gars, si vous saviez, elle était toute mouillée. Je crois bien qu'elle a joui ! » Avec ce pognon pris sur le dos de la bête, et de quelques autres encore, j'ai pu rembourser des amis qui m'avaient avancé de l'oseille et les gaver de champagne, ma belle pépée à mes côtés. Cuc a fait partie de ceux-là. Peut-être parce qu'il avait cru en moi, senti que je pouvais faire mon chemin dans ce Milieu où lui occupait une place de choix, faisant en sorte de trancher les litiges entre bandes quand il y avait embrouille. Totalement illettré, il avait une faculté à visualiser les noms de rue qu'un de ses lieutenants lui signalait qui m'impressionnait. C'est lui qui, au *Laetitia* de la rue Notre-Dame-de-Lorette, qu'il dirigeait, me présenta à un autre de mes compatriotes insulaires, un seigneur lui aussi, devenu plus qu'un ami, un frère : Mathieu Costa.

Chapitre 14

Le Milieu n'est pas une spécificité corse

Pierre Cuccari, Mathieu Costa : deux personnages qui ont joué un rôle clé dans le parcours truandesque de François Marcantoni. J'entends déjà une petite musique monter : « Ils sont corses. » Le mot est lâché ! Eh bien, dissipons tout de suite une idée reçue, fausse à bien des égards et, pour les habitants de l'île de Beauté, insupportable, à juste titre.

Dans un long entretien pour le site Écran Large, consultable sur Internet, une question me fut posée naguère concernant la place occupée par les Corses dans le grand banditisme :

> « ***En quoi les Corses occupent-ils une place à part dans le Milieu ? En quoi, par exemple, leur réputation est-elle différente des Marseillais ou des Parisiens ?***
>
> Peut-être parce que la Corse, historiquement, a été confrontée à des soubresauts. Ses habitants, des gens fiers de leur passé, de leur culture, tout simplement de ce qu'ils sont, ont dû défendre par les armes leur identité. Pour qui les connaît autrement que par les clichés qu'on colporte sur eux, ce sont des gens qui ont un sens de l'hospitalité inné, que les familles développent chez leur progéniture, dès le plus jeune âge. [...] N'oublions pas enfin, toujours sur un plan historique, les convulsions de violence liées aux bandits d'honneur. Une spécificité corse, combattue par Napoléon lui-même avant Waterloo

puis, plus tardivement, par Pascal Paoli, qui appartient donc à l'histoire de l'île. [...] Gardons en mémoire que Lombards, Génois, Pisans n'ont eu de la Corse qu'une vision qui faisait d'elle un comptoir commercial, niant pour ses habitants tout droit à se doter de lois. Face à la vénalité omniprésente de l'occupant, à l'arbitraire, force fut aux insulaires de fixer entre eux-mêmes des règles de *modus vivendi*. Parmi elles, le droit de rendre la justice sans passer par la case tribunaux. Une seule limite à ce qui eût pu les conduire à l'anarchie, celle orale, mais élevée au rang de sacrée : la notion d'honneur.

Pour ceux qui furent naguère les hérauts de la vendetta, les Spada, Romanetti, les temps ont évidemment totalement changé. Délaissés par l'État français, conduits sous l'Occupation à vivre miséreusement en autarcie, certains insulaires ont, la Libération venue, "oublié" l'idée même de l'honneur... mais sont restés bandits ! »

Que rajouter, dix ans après cet entretien ? Un : « Persistons et signons ! »

Olivier Marchal a, voilà quelques années, réalisé un très bon film, *Les Lyonnais*. L'histoire d'un gang célèbre qui sévit dans les années 1970, soupçonné d'avoir commis, le 30 juin 1971, le « hold-up du siècle », celui de l'Hôtel des Postes de Strasbourg. Butin : quelque 1,5 millions de nos euros d'aujourd'hui raflés en moins de cinq minutes. Ledit butin, évaporé dans la nature, aurait pu profiter, à en croire une rumeur tenace, aux caisses d'un parti politique de la majorité de l'époque, l'UDR. À lui seul, le titre du film est parlant. Tany Zampa, Gérard Vigier, François le Grec, Bernard Madeleine, Jean-Baptiste Fournel le Stéphanois. Dieu sait combien il serait long d'énumérer tous ceux qui ont imprimé leur marque dans le royaume de la grande truanderie, sans aucun lien avec ces noms en « i », tellement souvent montrés du doigt et stigmatisés !

Gommer l'existence d'un Milieu corse serait pour autant stupide et mensonger. Mais ne faire de lui, de la Brise de mer, de la bande du Valinco et du Petit Bar, à travers leurs figures historiques, pour la plupart décédées de mort violente, la seule démonstration que tout ce qui touche de près ou de loin au grand banditisme a été ou est encore une spécificité insulaire : non, non et non !

Chapitre 15

Explication de texte à l'appui

Ce n'est assurément pas trahir la mémoire de Marcantoni que de développer ici quelques remarques sur ce que de nombreux médias ont depuis bien longtemps désigné du nom de « mafia corse », en lieu et place de « crime organisé » ou « Milieu corse », plus adaptés. Par ailleurs, c'est cette dernière dénomination que Marcantoni affectait, considérant l'absence de verticalité chez les insulaires, à la différence notoire des familles napolitaines ou siciliennes, hiérarchisées sous l'autorité de deux ou trois parrains, ceux-là sans guillemets. En outre, il assurait avec force que la faculté d'adaptation des Corses était nettement supérieure à celle des continentaux. Et, pour appuyer son propos, il prenait pour exemple tous ceux parmi ses compatriotes qui avaient réussi, sous des horizons lointains ou en métropole, ici dans la haute administration, là dans l'armée. S'était donc scellée, du fait de cet exil « contraint », une solidarité de fait, qu'on ne retrouvait nulle part ailleurs, jusque dans le Milieu, qu'il soit nantais, lyonnais ou… parisien !

– Mais, François, les règlements de compte entre Corses ne manquent pas ! Vous-même en savez quelque chose !

Ce à quoi sa réponse ne variait guère, et il tenait à s'en expliquer :

– Au tout début, chez nous les Corses, quand on prend le point de départ, vous n'êtes pas immédiatement caïd, c'est logique. C'est à vous de faire vos preuves. En quelque sorte, vous passez une série de tests. Soit vous les réussissez, soit vous êtes flingué et oublié, soit vous végétez ! Dans l'hypothèse où vous avez franchi un cap, le cap corse si vous voulez, puis un autre cap, celui de bonne espérance, le plus souvent en débarquant sur le continent, vous grossissez votre pécule.

Vous devenez alors quelqu'un. Un Corse pauvre, croyez-moi, n'aspire qu'à une seule chose : gagner du fric, beaucoup de fric, pour se venger d'une enfance miséreuse. Ce qui a été mon cas. Puis, autre facteur important chez nous : devenir quelqu'un, donc s'embourgeoiser. Là, je ne parle pas pour moi, mais de ce que sont devenus quelques-uns de mes bons amis !

Lancé sur le sujet, qu'il connaissait jusque sur le bout de son index, il enchaînait, intarissable :

– Vous aurez tout compris quand je vous aurai expliqué comment les Guerini sont devenus les maîtres de Marseille, après avoir passé une enfance de misère à Calenzana, où leur père était bûcheron.

Le genre d'ébauche de conversation qui ne se refuse pas !

– Eh bien, je vais vous dire. Je vais vous dire la vérité sur l'ascension du clan Guerini. Et que ce soit mon dernier cigare si je mens !

Et il était alors embarqué, conteur intarissable et passionnant pour qui, il va de soi, s'intéresse à ce monde si particulier, si étranger à celui dont les journaux font leur quotidien, les faits divers, illustrés ces derniers mois par la minable affaire Jonathan Daval.

– Antoine Guerini est parti pour le continent vers dix-sept ou dix-huit ans. Son port d'attache fut Marseille ; à cela, rien de surprenant. Fidèle à notre tradition corse d'hospitalité, le jeune garçon était porteur d'une lettre de recommandation d'un ami de son père, propriétaire d'un bar. Il aurait pu être accueilli au sein d'une famille de hauts fonctionnaires, s'il avait été « bien né ». Ce n'était pas le cas. Ceux qui vont dès lors lui donner le gîte et le couvert n'étaient pas très recommandables : Noël et Jo Renucci, ce dernier futur cador du Milieu. Il a fallu au jeune Antoine qu'il fasse ses preuves. Ce fut une « gagneuse[7] » qui lui fut offerte… à crédit ! Vous avez bien

7. Une prostituée.

entendu : que ce soit mon dernier cigare si je mens, « à crédit » ! Son autorité « naturelle » fut récompensée. De barbeau[8] parti ainsi du bas de l'échelle, il n'eut de cesse de grimper, achetant « affaires commerciales » sur « affaires commerciales », jusqu'à la chute. Une fin peu conforme à l'assise qu'il avait acquise au sein du Milieu.

La mort de Guerini trouve en effet son origine dans son association pour le moins contre nature avec un certain Robert Blémant. Un sacré personnage, cet homme qu'on pourrait qualifier d'anti-Vidocq. Ancien agent des services secrets de la France Libre, ancien commissaire de la Direction de la surveillance du territoire pour la zone sud, il avait été révoqué de la police. Spécialiste de méthodes contraires aux principes fondamentaux des droits humains et peu orthodoxes dans son domaine, le contre-espionnage, était-il allé trop loin, au point de placer la France au banc des accusés ? Ou avait-il bénéficié de sa situation pour se créer un fichier qu'il aurait utilisé après la Libération à des fins personnelles ? Une certitude : revenu à la vie civile, il avait pris contact avec Antoine Guerini. La rencontre entre les deux hommes s'était soldée par une association que le temps vint fortifier. Jusqu'au jour où, sur une route départementale proche de son domicile, la Mercedes que conduisait l'ex-policier avait été prise pour cible. Quatorze balles de pistolet-mitrailleur avaient perforé la carrosserie du véhicule, qui poursuivit sa route jusqu'à un remblai. Deux projectiles avaient traversé la tête du malheureux.

La mort de Blémant, eu égard au statut qu'il avait pris dans le Milieu par son association aux Guerini, ne pouvait être l'œuvre d'un minable. Discrètement, des membres éminents du Milieu diligentèrent leur propre enquête, presque toujours plus rapide que celle de la police. Une rumeur commença à bruire, alla en s'amplifiant : « Trop gros pour y croire ! » Ensuite, on passa de la rumeur à la stupeur quand

8. C'est-à-dire proxénète.

un individu, suspecté d'avoir pu être l'un des membres du commando assassin, fut arrêté, puis affreusement torturé. Il livra un nom avant d'être achevé. René Mondoloni, le nom cité, était le fils adoptif de Mémé Guerini ! Il fallait donc s'y résoudre : le commanditaire de l'assassinat de Blémant, c'était Antoine Guerini en personne, son associé !

Et ainsi, le 23 juin 1967, sur le coup de 14 h 30, une grosse moto vint se porter à la hauteur de la Mercedes qui s'était arrêtée pour prendre de l'essence à une station-service de Saint-Julien. Antoine lui-même était au volant. Son jeune fils Félix était assis à ses côtés. Soudain, les balles crachèrent leur feu. Robert Blémant venait d'être vengé.

Trait spécifique de ce monde si particulier : si Antoine, surnommé l'« empereur des nuits de Marseille », n'échappa ainsi pas à la vengeance des amis de Blémant, son fils Félix ne fit l'objet d'aucune représaille. Car c'était dans ces années-là une loi du Milieu non écrite, mais généralement respectée, qui voulait qu'on ne tue pas un innocent, encore moins un enfant. « Un acte de lâcheté contraire à la morale du Milieu, qui veut qu'on n'abatte que celui qui mange le même gâteau », tel que le définissait Marcantoni. L'épouse de Blémant elle-même avait aussi été épargnée par Mondoloni.

La presse fit bien sûr ses Unes et autres gros titres sur cet « épilogue de la guerre du Milieu » dès le lendemain de la mort du caïd. Pour elle, la mort de l'aîné des Guerini s'était jouée sur fond de cercles de jeux parisiens. Une version que contestait en partie Marcantoni :

– Selon mes propres informations issues du Milieu corse qui m'étaient parvenues, davantage encore que la prétendue rivalité entre les deux hommes née des cercles de jeux parisiens, cette version que les journaux ont déversée à profusion : Antoine avait reproché à Blémant d'être anti-Corse. Il m'avait été rapporté par diverses sources que l'ancien flic avait tenu des propos outrageants sur les Corses.

Ces propos visaient, sans le nommer, Antoine. Comme tout finit par se savoir, c'était remonté à ses oreilles. Il fallait bien entendu relever l'insulte. Mais là où il a commis une erreur incompréhensible de mon point de vue, c'est d'avoir balayé d'un revers de manche le conseil de Mémé qui l'avait incité à organiser une rencontre d'« homme à homme ». Car en agissant comme il l'a fait, sur un coup de tête, en commanditant l'assassinat de Blémant, au mépris de l'avertissement de son frère, il a enfreint la loi du Milieu et l'a stupidement payé de sa vie. Dans le Milieu, soit on conclut une rencontre proposée avec deux témoins en observateurs par un : « C'est bon, on n'en parle plus et on offre une tournée », soit on réplique par la formule traditionnelle : « Garde-toi, je me garde. » Un message que tout un chacun comprend. Et à Dieu vat ! Il faut avoir à l'esprit que le Milieu est une assemblée de clans, au sein desquels on compte une vingtaine d'individus. Ces personnes se connaissent, s'estiment, se respectent et donc « travaillent » ensemble. Si l'une de ces personnes est tuée, le clan doit la venger. Le clan, et lui seul. Bien sûr, si quelqu'un du clan essaie de vous doubler, alors c'est sa condamnation à mort. Où qu'il se terre, il sera flingué. Une exception, cependant : la sagesse peut prévaloir. Si l'on pressent qu'un règlement de compte va virer au carnage, on « pardonnera » au fautif... ou on retardera son exécution ! Voilà ce qu'était le Milieu que j'ai connu et qui a foutu le camp depuis bien longtemps.

Prolixe, Marcantoni avait au demeurant un jugement très tranché sur ce monde à part qu'il avait traversé. Il le résumait en une maxime bien sentie et ne manquait généralement pas d'observer la réaction de ceux qui l'écoutaient lorsqu'il l'énonçait :

– Moi, je vais vous dire, les amis : le Milieu est plutôt une manière de penser qu'une façon d'agir.

Le ton se voulait docte, mais la sentence était imprégnée d'une philosophie qui, elle, n'avait rien d'une brève de comptoir, à bien y réfléchir !

Chapitre 16

Mort des deux "parrains"

Mathieu Costa, Pierre Cuccari : deux seigneurs du Milieu dont la vie s'est prématurément achevée. Considéré comme « juge de paix », appellation quelque peu approximative sans être absolument erronée, Mathieu Costa, le propriétaire de *L'Autobus 22*, établissement tout proche de l'Étoile-Charles de Gaulle, ne réchappa pas de l'agression dont il fut victime le 30 juillet 1949. Un différend à régler qui tourna mal.

Pris de peur face à « un couteau à bout rond » dont l'avait menacé Costa, Jean Fredericci, dit « Jeannot le dingue », le planta du sien, qui était tranchant. Hospitalisé, face aux policiers qui cherchaient à connaître le nom de son agresseur, Costa resta muet. Il eut toutefois la force de le donner à des amis. Dès lors, le sort de Fredericci était scellé. Lui restait à deviner quand la punition viendrait. C'était inévitable. Juste avant d'expirer, Costa apprit que « le dingue » venait de se faire dessouder à Marseille, qu'il avait gagnée en précipitation.

Une exécution « dans la plus pure tradition corse », selon Marcantoni. Installé à une terrasse de café, l'homme sirotait paisiblement son anisette. Soudain, un bras sorti d'une portière arrosa copieusement le consommateur. « La vie, ça tient à trois fois rien », soupirait Marcantoni, les yeux au ciel, lorsqu'il s'épanchait sur ses années « Milieu ».

Il ne se cachait nullement d'ailleurs d'avoir intégré l'équipe de Costa et d'avoir avec lui réalisé de « jolis coups », qui leur avaient rapporté de quoi « vider des caisses de Dom Pérignon au Shéhérazade », accompagnés de quelques beautés. La nuit alors s'achevait à *L'Autobus 22*.

La vie de Pierre Cuccuru, dit Cuccari, du nom qu'il avait pris dans la Résistance, s'arrêta dans la nuit du 29 au 30 juillet 1954. C'est précisément sa qualité de « conciliateur », appellation que préférait Marcantoni à celle de « juge de paix », qui lui fut fatale. Une histoire de racket, qu'il était venu régler avec le patron d'un rade, le *Charivari*, propriété de Robert Juan, un ancien prof de gym reconverti dans le pain de fesse et la limonade. La discussion, à un moment donné, s'emballa, et Juan abattit le « caïd des Corses de Paris ». Lui-même perdit la vie quelque temps plus tard, sur un trottoir de la rue Lepic. Une mort évidemment non accidentelle.

L'enterrement de Cuc vit défiler le dessus du gratin de la voyoucratie, mais pas seulement. Michel-Pierre Hamelet, personnalité éminente du *Figaro*, membre fondateur de la Société des rédacteurs, n'eût pour rien au monde manqué la cérémonie religieuse. Il rédigea même dans la foulée un fascicule en hommage à son ami disparu, un « juste ». Un document rarissime qui condensait en vingt pages la vie de cet homme, autre résistant et fréquentation de l'écrivain François Mauriac. L'opuscule, tiré à seulement 250 exemplaires, parut chez Monce. Marcantoni possédait un exemplaire dédicacé par l'auteur : « En hommage à Mémé Guerini. »

Pour la petite histoire *people*, un jeune acteur qui faisait ses débuts dans une carrière cinématographique et théâtrale portait les mêmes prénom et nom que Cuc. Il préféra le troquer pour un nom de scène moins négativement connoté. Ainsi naquit et vécut un certain Pierre Mondy !

Chapitre 17

Rencontres improbables aux Calanques

Parrainé pour son entrée dans le Milieu par Cuccari et Costa, désormais passés de vie à trépas, le beau François, rançonneur d'anciens collabos et fort habile à la passe anglaise, se devait de présenter une respectabilité de façade. Il n'en demeurait pas moins étroitement placé sous la surveillance de la police, ainsi qu'en témoigne son inscription au fichier du gotha du Milieu, celui du « grand banditisme ».

MINISTÈRE
DE L'INTÉRIEUR

DIRECTION GÉNÉRALE
DE LA SURETÉ NATIONALE

RÉPUBLIQUE FRANÇAISE

21 NOVE 1959

MARCANTONI
François

Né le 28 mai 1920 à ALZI (Corse)
Fils de feu Pierre et de feue BERNARDI Marianne
Profession: sans
Domiciles: 114 rue des Dames à PARIS (Seine)
– 858 Avenue du XVème Corps à TOULON (Var).

"EST NOTÉ AU FICHIER SPÉCIAL DE LA LUTTE CONTRE LE BANDITISME"

Cette fiche a été établie par le S.R.P.J. de PARIS
et par la Préfecture de Police

INDIVIDUS A SURVEILLER

Fiche de Marcantoni au fichier spécial de la lutte contre le banditisme.

Quoi de mieux pour atteindre un semblant de vie régulière que de vivre de revenus du commerce ? Il s'associa donc à une célébrité du Tout-Paris de laquelle il était très proche, Toto la Perruque, frère de l'illustrissime chanteur Tino Rossi, pour ouvrir, rue Quentin-Bauchart, un établissement assez luxueux, mi-restaurant mi-bar : *Les Calanques*. Un lieu situé à deux pas d'un studio de cinéma, rue François-Ier. La notoriété de Rossi était à même d'y conduire les pas de nombreuses vedettes... pas toutes masculines ! C'est secret de polichinelle que « les p'tites femmes, les p'tites femmes de Paris » ou encore les « Femme, femme, femme... fais-nous voir l'amour », immortalisées par le couple Jeanne Moreau-Brigitte Bardot, puis par Serge Lama, occupèrent bien son esprit, son temps... et pas seulement qu'eux ! Si, sur son parcours de vie, Marcantoni croisa le célèbre Papillon, bagnard reconverti dans la littérature, dont il devint l'ami, à l'égard de la gent féminine, il se fit papillon lui-même ; abeille aussi, butinant au gré du vent l'âme sœur de passage. Il confessait volontiers, sans s'épancher outre mesure, n'« avoir rien contre les femmes » et même « apprécier d'être tout contre », l'une de ses expressions favorites... et récurrentes !

La prestance et la force physique qui se dégageaient de lui ne laissaient en effet pas indifférentes certaines actrices célèbres, de Viviane Romance à Ginette Leclerc, en passant par Yvette Lebon, Dora Doll, Simone Paris et d'autres femmes moins connues ou étrangères au monde du cinéma. Certes, ces noms, comme beaucoup d'autres, se sont fanés avec le temps, ce temps si prompt, si véloce, qui fait qu'avec lui, comme l'a chanté Léo Ferré, « va, tout s'en va ». Et pourtant ! Stars de l'écran, à l'occasion croqueuses d'hommes, elles le furent. Surtout, elles portèrent haut les couleurs du cinéma français. Toute comparaison n'étant pas forcément raison, elles représentaient ce que furent et restent encore aujourd'hui en notoriété des Sophie Marceau, Isabelle Adjani ou encore Emmanuelle Béart.

Viviane Romance pouvait-elle échapper à Marcantoni, l'archétype de l'« homme » par excellence ? Dotée d'un physique dont elle aussi savait jouer, au point de se voir surnommer la « vamp » du septième art, son tempérament de feu eut vite fait d'attiser le mâle désir du Corse. S'il restait discret sur cette rencontre passionnelle, à de rares moments, il s'enhardit à glisser aux oreilles de ses interlocuteurs qu'il la qualifiait d'« explosive ». Sans doute leur relation ne vécut-elle que « ce que vivent les roses, l'espace d'un instant » !

Instant volé lui aussi ; celui qui mit sur son chemin d'aventures féminines Yvette Lebon. « Un sacré tempérament », avait-il lâché un soir que l'alcool produisait un effet libérateur de sa parole sur le sujet, lui d'ordinaire assez discret sur le chapitre de ses conquêtes féminines. Mariée avec le jeune premier Roger Duchesne, remarqué car remarquable acteur d'un film de Jean-Pierre Melville, *Bob le Flambeur*, l'actrice était adepte avant l'heure du « en même temps », puisqu'elle partageait aussi sa couche avec le journaliste Jean Luchaire, promu ministre de l'Information sous Pétain, puis fusillé au fort de Châtillon au lendemain de la Libération. Yvette Lebon en subit les conséquences, malgré sa carrière démarrée sur les chapeaux de roues avec *Marinella*, film qui révéla la voix d'un certain… Tino Rossi !

Autre femme, autre vedette, autre « vamp » au tempérament de feu : la sublime et affriolante Ginette Leclerc, tombée sous la « mâle gaieté » du boss des Calanques. La voir à l'écran dans ce chef-d'œuvre que fut et qu'est resté *La Femme du boulanger*, réalisé par Marcel Pagnol, où elle donne la réplique au « monstre sacré Raimu », suffit à prendre conscience que Marcantoni, en individu « normalement constitué », n'eut guère d'efforts à consentir pour répondre aux attentes de cette actrice dont il se disait qu'elle avait été la maîtresse de Pierre Loutrel, alias « Pierrot le Fou », collabo de la première heure passé soudainement à la Résistance à la fin de 1944, avant d'asseoir sa réputation criminelle avec le « gang des Tractions-Avant ».

Après Loutrel, Marcantoni ; une belle abnégation de la jeune femme et un salvateur engagement citoyen, sans nul doute au nom de la réconciliation nationale !

À proximité des Calanques se trouvait la rue Bassano. Pur hasard : le 42 abritait le siège de la Sûreté nationale ! Le commissaire Denis, avec une conscience professionnelle développée, se rendait de temps à autre à l'établissement, histoire de surveiller quelques pointures visées souvent par ses services, tel Émile Buisson, devenu l'« ennemi public numéro un ».

– Aux Calanques, aimait à dire Marcantoni, en bons commerçants, on ne demandait pas une pièce d'identité ni le pedigree de celui qui poussait la porte !

Un argument frappé de bon sens.

Parfois, Denis venait accompagné de deux de ses inspecteurs. L'un, Roger Borniche – d'ailleurs récemment décédé à cent ans et quelques mois –, s'est illustré dans la littérature et est entré dans le cercle restreint des auteurs à multiples best-sellers. Grosso modo du même âge que François, une amitié certaine se noua entre les deux hommes, bien que chacun soit resté dans son rôle, l'un gangster, l'autre flic.

C'est Marcantoni qui présenta Alain Delon à l'auteur de *Flic Story*, et c'est également grâce à lui que je pus échanger de nombreux courriels avec ce prolifique auteur, du temps où il s'était exilé à Los Angeles. C'est par lui, au demeurant, lors d'un entretien en 2010, que j'obtins des informations « de première main » sur un autre truand notoire de cette époque. Lui aussi fut un seigneur du Milieu. Très lié à Marcantoni, le fameux « roi du non-lieu », Joseph-Ibrahim Attia, est entré dans le gotha de la truanderie sous son label abrégé : Jo Attia. Passé assez vite de la rue Lauriston et son sinistre n° 93 à l'héroïque comportement à Mauthausen où il fut déporté, cette légende du grand banditisme me valut de l'ancien policier une savoureuse anecdote, ainsi débutée :

– Ah ! Attia, le grand Jo. Ce sont mes années de jeunesse qui remontent. Lui, François, c'est vrai, c'étaient deux truands. Mais quelle classe ! Quelle vaillance ! Quel panache !

Puis, il l'avait poursuivie :

– Je me souviens comme si c'était hier de ma première confrontation avec Attia. Nous étions à peu près du même âge. Il s'était fait serrer pour une attaque contre une banque. Je l'entends encore me dire : « Voler une banque, mais ça, poulet, c'est pas voler. C'est simplement remettre l'oseille en circulation ! Et puis, si vous n'aviez plus de voyous à poursuivre, vous seriez chômeurs ! Nous, les truands, nous sommes un bienfait pour la société. Nous créons aussi des emplois dans le bâtiment car il faut construire des prisons. » Il avait une vision syndicaliste de sa profession. Il n'a jamais rien sollicité, après avoir sauvé de nombreuses vies à Mauthausen. Alors oui, un homme comme ça, eh bien, truand ou pas, ça mérite le respect. J'avais ce respect-là pour lui, comme pour François.

Quand Attia mourut, le 22 juillet 1972, atteint d'un cancer – rare truand à mourir sans être tombé au champ d'« honneur » –, une foule immense suivit ses funérailles. Là encore, il y avait du beau monde parmi l'assistance. Il faut dire qu'à Mauthausen, à l'égal des hautes relations nouées dans la Résistance du Var par Marcantoni, le courage d'Attia observé par des camarades dont certains devaient, des années plus tard, devenir ministres, lui valut une reconnaissance toujours affichée.

François Marcantoni, habitué du Gavroche, l'établissement que tenaient Attia et sa compagne rue Joseph-de-Maistre, ne pouvait rater la messe d'adieu au « Grand ». Une photo fut prise sur le parvis de l'église Saint-Jean-Baptiste de Grenelle. Parmi ceux qui figurent sur le cliché, impossible de ne pas remarquer un individu solidement charpenté, le crâne dégarni, l'allure d'un « dur ».

Marcantoni, au centre, sur le parvis de l'église Saint-Jean-Baptiste de Grenelle.

– Eh oui, j'y étais. Mais ma présence est le reflet du Milieu que j'ai connu, celui où il y avait une *mentalité*, entendez par là du *respect*, y compris pour les policiers, et une parole donnée. Des deux côtés, truands et policiers, on savait qui était qui. Avec cette hiérarchie, chacun à sa place faisait son job. Chacun connaissait chacun et respectait des règles, des lois, une hiérarchie. Dans le Milieu qui a été le mien, il n'était pas possible d'agir à sa guise, de faire n'importe quoi. Le Milieu n'a jamais été la pègre, avec laquelle on l'a parfois confondu et qui l'a, je pense, grandement supplanté, hélas ! Alors oui, gare à ceux qui *manquaient*, qui cherchaient, par exemple, à prendre une *gagneuse* qui ne leur appartenait pas. La mise à l'amende, la punition, parfois, pour ceux qui s'y soustrayaient, c'était en quelque sorte inscrit dans un code, si ce n'est d'honneur, de bonne conduite, en tout cas. Tout ça s'est délité, a disparu. Les jeunes générations ne respectent plus rien, défouraillent pour un oui pour un non. Demandez aux poulets eux-mêmes. Ils regrettent l'époque où chacun était à sa place, on ne ripostait pas en tuant le flic qui venait vous arrêter. J'ai même le souvenir d'un poulet que j'avais bien connu dans ces années où il venait parfois dîner aux Calanques. Il est mort, abattu par un type de la plus basse pègre, un minable comme on en trouve de plus en plus. Eh bien, que ce soit mon dernier cigare si je mens, avec quelques amis, on a organisé une cagnotte qu'on a donnée à sa veuve. Voilà le Milieu qui a été le mien et dont je ne rougis pas.

Chapitre 18

Pour l'homme rangé, les affaires se corsent

Aux Calanques, François Marcantoni, devenu selon son expression familière « un homme rangé » ou sa variante, « un homme tranquille », certes pas véritablement « rangé des voitures », business oblige – et plus encore appétit farouche à croquer la vie à pleines dents –, donnait presque l'apparence d'un bourgeois endimanché. D'un naturel coquet, sûr de l'effet qu'il produisait sur la gent féminine qui le lui rendait bien, la vie pour lui était là, à l'image de celle dépeinte par Verlaine, « simple et tranquille ». Enfin, presque !

Appliquant à la lettre son fameux adage du champagne préférable à la limonade et du caviar supérieur aux lentilles, arriva le moment où l'argent commença à faire défaut. Certes, il y avait les amis, mais les amis restaient précisément des amis… avec tout ce qu'au demeurant ce vocable en soi sympathique a de relatif, quel que soit le milieu dans lequel on évolue ! Quand, de plus, les « amis » du Milieu, eux, avançaient un peu, voire beaucoup, de grisbi, il était des règles de bonne conduite à respecter. La priorité des priorités, c'était bien sûr d'être en capacité de rembourser, car pas question d'appliquer une phrase que Marcantoni disait emprunter à Balzac, extraite à l'en croire du *Père Goriot* : « Les dettes anciennes, je ne les paie pas. Les dettes nouvelles, je les laisse vieillir ! » Bien conscient de l'âge auquel il était maintenant parvenu, il s'empressait de corriger le tir : « Je dois dire qu'à ce stade de ma vie, je ne crains plus grand-chose. Si j'attaque une banque, on ne pourra même pas me mettre en prison, au bénéfice de l'âge. Un comble ! »

Oui, mais voilà. Tout tenait dans le « à ce stade de ma vie ». Un demi-siècle plus tôt, cette sagesse avancée par Marcantoni n'était pas de mise. Bien qu'il ne l'admît que du bout des lèvres, Monsieur François eut en effet à participer à l'une des pires guerres du Milieu corse, au lendemain de la Libération. Elle opposa deux clans. L'équipe de Jo Renucci était composée d'Antoine Paolini, alias « Planche », le dessoudé du cimetière marseillais, François Lucchinacci, dit « le Notaire », et deux jeunes pousses prometteuses, Marcel Francisci et Nick Venturi. Face à elle, l'équipe d'Ange Saliceti, Adrien Caïetti et Mathieu Costa n'était pas moins redoutable.

Tout l'enjeu de leur affrontement sanglant portait sur la mainmise du trafic de cigarettes. Le bénéfice à en tirer se chiffrait en sommes considérables. C'était à qui se rendrait maître du pactole, en profitant de la zone franche que constituait Tanger, plaque tournante au demeurant de tous les trafics.

Après qu'il eut pris ses distances avec les cigarettes, une première anicroche survint dans la prétendument « vie tranquille » de Marcantoni lorsqu'il fut dénoncé, puis arrêté dans la banlieue lyonnaise par les gendarmes au volant d'une voiture volée, avec trois autres individus. Il fut difficile de justifier la présence dans le véhicule de tout un arsenal d'armes de poing. Sa défense, avancée sur un ton humoristique :

– Pendant la guerre aussi, j'étais armé. Mais personne ne me le reprochait ! Les routes sont devenues dangereuses, on peut faire de mauvaises rencontres.

La maréchaussée émit quelque doute sur le bien-fondé de cette défense... légère, convenons-en !

Arrêté donc, traduit en justice, il écopa de cinq mois de mise à l'ombre. Et dire que celui qui avait été mis au parfum de ce braquage à venir et avait alerté la gendarmerie n'était autre que... Roger Borniche !

Bis repetita.

À sa sortie de prison, Marcantoni abandonna *Les Calanques* pour prendre une nouvelle participation dans *Le Jasmin*, un bar toujours dans l'épicentre chic de la capitale, rue Saint-Ferdinand. Et patatras ! Nouveau penchant, nouvel engrenage, retour à la case prison.

Sur un braquage dont il se disait tout naturellement innocent, celui d'un convoi de transport de fonds pour la Banque d'Alger de la rue d'Anjou, il était tombé. Il imputait cette injustice à un certain Léon, dit « le Juif ». Celui-ci, mis au courant du hold-up qui devait s'y dérouler, avait, par peur, alerté certains policiers dont il était l'informateur. À en croire François, l'équipe qui devait monter au braquo avait repoussé la date de l'opération. Une chance, car si les choses s'étaient passées comme prévu initialement, il y aurait eu confrontation entre la police et les truands. Lui, insistait-il, n'était en rien concerné.

Les malfrats, le jour J, s'étaient emparés de 25 millions… et 75 avaient disparu. Sans doute pas pour tout le monde ! Si, malgré les recherches, les auteurs ne purent être retrouvés, c'est tout naturellement vers leur indic' que les enquêteurs se tournèrent. Celui-ci mouilla Marcantoni, signifiant même que ce dernier lui avait remis sa part du butin pour le remercier du coup sur lequel il l'avait branché. Un matin, à 6 heures, la sonnette de la porte du « présumé innocent » retentit, suivie de l'injonction : « François, ouvre. Police. »

Stupéfaction du Corse. Celui qui venait l'arrêter avec quelques collègues était une vieille connaissance : le commissaire Denis en personne, l'habitué des Calanques ! Malgré l'alibi avancé, que Marcantoni qualifiait de « béton », le tribunal ne fut pas convaincu. Même la brillante et émouvante plaidoirie de la star du barreau, Me de Moro-Giafferri, n'infléchit pas le verdict. Ce ne fut pourtant pas faute d'avoir mis en avant la lâcheté de Léon, et encore moins d'avoir évoqué en termes bouleversants le passé de résistant de son client. Quelques mots avaient tout particulièrement marqué ce dernier, qu'il disait « sublimes, de ceux qui font chaud au cœur dans pareil moment difficile », insistait-il, pour les énoncer sans se faire prier : « François Marcantoni est Corse. Il est de mon pays. Je le considère comme mon fils. »

Cela n'empêcha pas Léon le Juif de maintenir son accusation, deux ans plus tard. En effet, malgré une caution versée de cinq cent mille francs, une somme rondelette, le tribunal qui avait rendu Marcantoni à la vie civile le condamna cette fois-ci à cinq ans de travaux forcés. Un retour à la case prison inévitable. Seule piètre consolation qu'il reçut, « dont je me serais passé », celle de son illustre conseil, de Moro-Giafferri : « Tu ne les feras pas dans leur totalité, je t'en fais la promesse. »

Promesse tenue. Par une belle matinée, le 28 août 1959, Marcantoni retrouvait l'air libre. Léon, la « balance » des policiers, en revanche, crut bon de mettre quelque distance entre Paris et lui. Coïncidence pour le moins étrange. Tout juste une semaine après avoir quitté son domicile, le sacré Léon tombait rue de la Verrerie, criblé de balles. La voiture d'où le feu avait été craché, volée, portait de fausses plaques d'immatriculation. Bref, du travail de pro.

Un qui ne tomba pas des nues fut son avocat, Me Henri Dussaud, pénaliste de renom et ancien collaborateur de de Moro-Giafferri. Malgré l'absence de preuves à l'encontre de Marcantoni, il ne doutait pas de son implication, directe ou pas.

– L'alibi ? Certes, Marcantoni en avait un, vérifiable et vérifié. Mais d'autres avaient pu procéder à l'exécution sur l'ordre du Corse. Mon client était venu me voir à plusieurs reprises. Il se savait condamné. À chaque visite, j'avais droit à un : « Maître, Marcantoni va sortir de taule dans peu de temps. Je vais y passer. » Je lui avais conseillé de se mettre au vert. Il levait les yeux au ciel, en signe d'impuissance.

« Maître, vous le savez bien : où que j'aille, il me dessoudera. » Je crois qu'il avait déjà fait son deuil de la vie[9].

Sujet sensible ? Pas le moins du monde ! Lorsque la mort violente… et attendue de ce « misérable individu » était abordée, Marcantoni mettait fin à tout développement en argumentant sobrement sa conception de la droiture par cette simple remarque :

– Les balances, ça me donne des poussées d'urticaire !

Bien des années plus tard, Me Dussaud serait l'un des avocats de Monsieur François !

Enfin libéré et de la balance et de la ratière, à défaut de sa conscience – encore que ! –, Marcantoni associait volontiers sa « nouvelle vie tranquille » au titre d'une chanson en vogue d'Annie Cordy : « Cigarettes, whisky et p'tites pépées ». Un titre repris avec un égal succès par un acteur vedette qu'il avait très bien connu, l'inoubliable interprète du rôle de l'agent secret Lemmy Caution : Eddie Constantine.

---

9. Propos enregistrés lors d'un entretien, en mars 2000.

Chapitre 19

Chronique de Poissy

Ses passages de « l'ombre à la lumière », comme il désignait souvent ses séjours au ballon, avaient laissé des traces. S'il pointait volontiers l'accent sur son enfermement à la Santé au compte de son implication dans la Résistance, il se montrait bien plus discret sur les circonstances qui lui avaient valu le cachot en d'autres occasions. Ou, quand il les évoquait, c'était pour les tourner en dérision. Ainsi en allait-il de sa manière toute personnelle de parler de « la cage ».

– Est-ce que vous savez, messieurs, combien de jours de cachot vous prenez si vous sciez un barreau pour vous évader ?

Là, une pause. Observation de ses interlocuteurs.

– Quatre-vingt-dix jours, voilà le tarif.

Nouvelle pause, puis le point d'orgue :

– Eh bien, messieurs, moi je dis que le barreau que je scie, c'est pas pour m'évader, mais pour être plus svelte ! Car croyez-moi, je ne connais pas de meilleur régime pour qui est en surpoids que ces quatre-vingt-dix jours de cachot !

La prison, cependant, l'avait marqué, c'était une évidence. Et lorsqu'il était poussé dans ses retranchements à évoquer ses années « perdues », le regard se faisait sombre, pour ne pas dire assassin. Puis, une fois lancé, l'homme se détendait, la dérision reprenait le dessus. *In fine*, son addiction au vedettariat l'emportait. Chassez le naturel, il revient au galop. Avec lui, c'était un état permanent.

Si Marcantoni, lancé sur le sujet, devenait rapidement intarissable, ne manquant jamais de répéter que séjourner derrière les barreaux s'apparentait à la franc-maçonnerie, car « on s'y faisait des relations », il s'empressait dans la foulée de maudire la prison. Lui qui y avait passé quelque treize années au total, « à espaces réguliers », considérait que c'était une « perte sèche » de temps. Tout au plus concédait-il du bout des lèvres que ses différents séjours n'avaient en rien altéré sa soif de vivre. Et puis, il ajoutait volontiers que « passer par cette voie où est enfermé tout ce que la société compte d'escrocs, de barges, d'assassins », cela vaut la peine d'être vécu « une seule fois suffit », au sens où il devient dès lors possible « de dépasser en connaissance les plus réputés des sociologues » ! Il ne se faisait alors pas prier pour brosser une sorte de chronique des établissements par lesquels il était passé : la Santé, Saint-Pierre à Versailles, Fresnes, Bois-d'Arcy.

Peut-être parce que Poissy lui avait pour la toute première fois « ouvert grand ses portes pour les refermer illico sur [lui] », ou alors parce que le nom de cette commune enferme en lui-même la malchance qui l'y avait fait atterrir, c'est sur elle qu'il se montrait le plus prodigue de commentaires. Avec un art consommé de la mise en valeur du récit, d'une forme de mise en scène également, il captait l'attention de ceux qu'il honorait de sa présence. Fin connaisseur de l'espèce humaine, l'homme avait suffisamment de métier et de bouteille pour savoir qu'être admis à sa table, y partager champagne et whisky, c'était être admis dans un cercle privilégié, que n'avait rien à lui envier *Le Siècle*. Pas folle, la guêpe !

Alors, mis en quelque sorte sur orbite, il y allait de cet accent corse qui ajoutait encore au plaisir de l'écouter et déversait son chapelet d'anecdotes vécues aux oreilles emmiellées de ce parfum inimitable de l'île de Beauté, toutes sous le charme absolu du narrateur. Il fallait cependant savoir patienter, tant le bonhomme savourait son plaisir à faire naître l'intérêt de « son » public, qu'il tenait en haleine et qui frémissait, comme dans la chanson de Bécaud : « Alors, raconte, comment ça s'est passé ? »

Situer l'action qui lui avait valu de se retrouver encristé était toujours chez lui un impératif auquel pour rien au monde il n'aurait dérogé. C'était sa mise en bouche, sa manière à lui de mettre en exergue le fameux « il était une fois ». Invariablement, il imputait son incarcération à « un faux mobile ». Les coupables à ses yeux ? Les « volatiles de haute basse-cour » qui l'avaient fait plonger, faute de l'avoir serré sur d'autres faits, dont il affirmait par ailleurs « être blanc comme neige ». Le décor planté, pouvait donc arriver le plat de résistance.

Sa mémoire gardait le souvenir d'un détenu qui avait tué de manière atroce un vieil homme en le faisant cuire dans une marmite. Mis au parfum, Marcantoni lui avait un jour demandé s'il avait goûté le bouillon. La folie furieuse de l'interpellé l'avait contraint à battre en retraite « comme à Waterloo ! » Il gardait également intact un souvenir qui avait l'heur de déclencher l'hilarité générale, malgré un goût plutôt douteux. Pour qui l'ignorerait, il faut savoir que dès qu'un nouvel arrivant franchit la lourde porte de la prison, après avoir laissé quelques bricoles au greffe, il doit se soumettre à la fouille à corps. Les surveillants le font se déshabiller intégralement pour lui donner ses nouveaux habits. Le règlement exige que le gars, avant de revêtir sa nouvelle tenue pénitentiaire, écarte les jambes et tousse. Or, voici qu'était venu le tour d'un néophyte de passer cette humiliante épreuve. Ignorant les coutumes pénitentiaires, quelle ne fut donc pas sa surprise lorsqsue le maton lui signifia de se mettre à poil. Et Monsieur François de décrire la scène : « Moi, chef, je tousse pas, tu verras pas mon cul ! » Il enchaînait aussitôt :

– Ça a duré un quart d'heure. Putain, j'en pouvais plus, j'étais plié en deux. Aujourd'hui encore, je revois le type.

Immense succès ! De cette chronique de Poissy émergeait aussi le nom d'un codétenu qui fit couler beaucoup d'encre, un certain Christian David. Un nom « que les moins de vingt ans ne peuvent pas connaître ». Il alimenta les gazettes et, aujourd'hui encore, le personnage siffle tristement aux oreilles des plus anciens flics de France et de Navarre. Le 2 février 1966 au petit matin, l'homme abattit le commissaire Maurice Galibert et blessa grièvement deux inspecteurs venus l'interpeller rue d'Armaillé, au Saint Clair, après qu'un indic' eut signalé sa présence par téléphone.

Le commissaire n'avait pas jugé bon de lui passer les menottes. Erreur impardonnable qui lui coûta la vie. Prétextant à la sortie de l'établissement qu'il avait oublié son imperméable à l'intérieur, de retour auprès de ses visiteurs, David fit feu sur eux avec le calibre qu'il portait dans l'une de ses poches. Exfiltré, selon une rumeur persistante, par Antoine Guerini vers l'Amérique du Sud, il intégra le réseau du « Monsieur Héroïne », Auguste Ricord. Puis, son nom réapparut dans l'affaire Ben Barka, et d'autres encore. Malgré une lourde condamnation, enfin remis à l'air libre, il mit le cap sur l'Espagne où, selon une source qui l'a côtoyé, il passa « des jours sereins et heureux à Marbella, joliment accompagné jusqu'en 2019, où Dieu ou le Diable l'ont appelé à eux » !

Pour Marcantoni, « ce type était un fêlé », qui n'avait pas même « un lointain rapport avec le Milieu ». Pour appuyer son assertion, il relatait cet épisode « qui ne s'invente pas, puisque j'en ai été témoin quand nous partagions ce même établissement de Poissy. Je me méfiais d'ailleurs de lui, car c'était un type dangereux, caractériel, pour moi infréquentable. La preuve ? »

Venait l'anecdote :

– Il y avait un type qui purgeait vingt ans. Il avait un chat. Une tolérance, puisque le règlement interdit aux prisonniers de posséder un animal. Un jour, pour un motif futile, comme c'est souvent le cas tant les nerfs sont à vif, sous tension permanente, l'homme s'était accroché avec David. Lui, au comble de la rage, il lui a piqué le chat, l'a dépecé et l'a fait cuire avec du pétrole, puis l'a mangé.

Quelques récits du même tonneau s'enchaînaient encore, avant la conclusion, en fait sa sentence. L'épilogue était tranchant comme le couperet de la guillotine qui était retombé sur le cou d'un de ses codétenus de la Santé, le jeune Jacques Fesch, converti au mysticisme chrétien. À ce moment-là, les traits de son visage se crispaient, ses mâchoires se serraient. D'une voix blanche, le regard comme plongé dans un ailleurs lointain, il assénait son verdict :

– Voilà, messieurs, ce qu'est l'univers carcéral. Moi, Marcantoni, je vous le dis, parce que c'est la vérité, pour l'avoir connue. Quand ils sortent de taule, tous les détenus nourrissent de la vengeance. Et si quelques-uns se tournent vers Dieu, une infime minorité, moi, Marcantoni, je le répète, vous entendez, j'appartiens à la race majoritaire de ceux pour qui la prison avait de quoi rendre fou, du fait de ne plus rien avoir à perdre. Quand vous ressortez à l'air libre, ou bien l'hôpital psychiatrique vous guette, ou bien vous ressortez plus fauve que quand vous êtes entré, la haine ancrée en vous. Moi, j'ai gardé la haine, rien que la haine, toute la haine.

Un silence, glacial et recueilli, accompagnait son propos. Puis, très vite, la vie retrouvait ses droits et les verres, suspendus un moment eux aussi, comme le temps, s'entrechoquaient de nouveau. D'autant que le bonhomme possédait cet art consommé de relancer la conversation. Toujours sur la prison, sitôt qu'il avait « craché sa haine », venaient une ou deux anecdotes destinées à détendre l'atmosphère.

Celle qui revenait à tire-larigot, par exemple, portait sur les inscriptions des détenus dans les toilettes. Si, à ses yeux, certaines relevaient de la pure « dégueulasserie », du style : « Gégène des Gravilliers est un bel enculé », d'autres révélaient les talents cachés d'authentiques philosophes. L'une de ces « citations de chiottes » avait plus spécialement retenu son attention. Avec gourmandise, après avoir ménagé son effet, il consentait à la partager : « La vie est une vieille culotte percée soutenue par les bretelles de l'espérance. » Le commentaire fusait aussitôt :

– Elle est pas belle, celle-là ? Digne d'un académicien !

Il gardait pour la bonne bouche cette autre qui, à défaut de le réconcilier avec l'enfermement, lui avait « sauvé la mise » alors qu'il aurait pu, à l'air libre, se « retrouver dans une situation un peu embarrassante ». Une fois encore, ceux qui partageaient sa table restaient comme suspendus à ses lèvres.

– Je dois quand même atténuer, les amis, mon jugement sur ce que je viens de vous dire. Une fois, en effet, j'ai dû à la prison une fière chandelle.

Silence de nouveau recueilli et encouragements évidents à ce qu'il poursuive le récit. Il ne fallait guère attendre.

– Je peux le révéler : parmi toutes les femmes qui ont su me témoigner leur amitié, et même un peu plus, il y en a une dont l'image n'a cessé de me poursuivre, l'actrice Bella Darvi. Elle avait été la maîtresse du producteur de cinéma star des années soixante Darryl Zanuck. Je l'ai hébergée à Goussainville. Pas parce qu'elle me parlait des heures durant de ses partenaires stars, mais plutôt parce qu'après m'avoir montré pendant des heures interminables son press-book et ses albums photos, elle laissait enfin son corps s'harmoniser au mien ! En plein été, j'avais convié quelques amis à partager un agréable moment… Quelque temps avait passé. Un soir, le téléphone sonne. Ma Bella au bout du fil. À peine ai-je décroché pour lui dire bonsoir, qu'elle : « François, tu m'as filé une chaude-pisse ! » Je m'étonne, m'insurge, l'engueule. « Enfin quoi, qu'est-ce que tu me chantes ? » Au bout d'un bon quart d'heure, alors que nous nous engueulons comme des poissons pourris, elle s'exclame soudain : « Écoute, François, t'as l'air sûr de ton coup ! Finalement, c'est peut-être pas toi qui me l'as filée. » Je hurle : « Comment ça, pas moi ? » Et là, elle me donne le coup de grâce : « Écoute, voilà… J'ai couché avec le Coréen. » « Quoi ? Qu'est-ce que tu me chantes ? Salope ! T'as couché avec lui quand ? » Elle me donne une date approximative. Je réfléchis à la vitesse du Concorde. Ah, la belle affaire ! « Mais c'est impossible que ce soit moi qui te l'aie filée, ta chaude-pisse. À cette date, j'étais en taule ! » C'est bien l'unique fois où je me suis mis à remercier la prison !

Rires assurés à l'unanimité !

Pour les non-affranchis, le Coréen (de son vrai nom Marcel Barokhel), précisait-il, était une figure marquante du Milieu lyonnais, associé aux « Siciliens » Marcel Gauthier, Roger Bacry et Jean-Claude Vella, tous trois morts flingués. Lui aussi était tombé sous les balles d'un pistolet-mitrailleur alors qu'il sortait du domicile de sa mère, le 11 octobre 1973. Un assassinat signé Zemour. Bien que « lourdement enfouraillé », il n'avait pas eu le temps de riposter, ce qui donnait l'occasion à Marcantoni, une fois encore, de manifester son humour :

– Le destin, même Giscard ne peut pas le connaître !

Chapitre 20

Pas encore vedette, mais déjà...

On l'aura compris. Certains imposent d'emblée un charisme. D'autres, en fassent-ils l'effort, n'y parviennent pas. C'est inné, cela ne se travaille pas ! Marcantoni appartenait à la première catégorie. Certes, il forçait souvent le trait, mais sa façon de présenter les choses, même de mauvaise foi, lui attirait la sympathie.

Des années 2000 jusqu'à sa disparition en 2010, combien d'individus ont défilé à sa table, venus de tous horizons, ouvertement ou davantage à l'écart, en relative discrétion ! Il fallait les voir quand, au meilleur de sa forme, il partait dans des relations d'épisodes rocambolesques, que son humour transcendait. Et que dire des médias, dont il était devenu « de son plein gré à son insu » le chouchou !

Le premier à avoir flashé sur lui est un animateur vedette de la radio et du petit écran, lui-même doté d'un humour décapant, voire, à l'occasion, vachard : Philippe Bouvard. En 1976, année de grâce – dans les deux acceptions du terme – pour Marcantoni, un fait divers tonitruant éclata, la veille de Noël. L'ancien secrétaire d'État et député, ancien président de la commission des Affaires étrangères, le duc et prince Jean de Broglie, cousin par alliance de Valéry Giscard d'Estaing, alors président de la République, fut abattu froidement devant le numéro 2 de la rue des Dardanelles à Paris. Pur hasard, Marcantoni occupait dans l'immeuble une chambre de bonne.

Dans le *France-Soir* paru le surlendemain, sous l'encadré « Philippe Bouvard », un titre se détache : « Marcantoni, Ravaillac, Oswald et les autres ». Dès les premières lignes, le lecteur est édifié.

« On a dit pis que pendre de François Marcantoni. Et on a eu tort. Cet homme est le témoin numéro un de notre époque, le Pic de la Mirandole du fait divers, le reccurs providentiel, le digne remplaçant du monstre du Loch Ness. Plus une affaire importante, plus un dossier de quelque épaisseur sans que son nom apparaisse comme un label d'envergure. »

Cette présentation du personnage posée, s'enchaîne alors tout un dialogue dont voici quelques extraits, piquants, à l'image du créateur des *Grosses Têtes* :

« ***Quel a été votre rôle dans la mort de Jésus ?***

J'ai fichu Judas à la porte. Il y est d'ailleurs resté… Mais je ne dirai rien d'autre tant que l'enquête ne sera pas terminée.

Avez-vous eu des relations avec Caïn ?

Deux fois. Nous avons joué au poker ensemble. Mais pour des lentilles. Cela ne m'intéressait pas.

On a prononcé votre nom à propos de la mort d'Henri IV.

C'est vrai. Ravaillac est venu un soir chez moi. Il m'a raconté qu'Henri lui avait pris sa poule. C'est tout.

Et les Borgia ?

Ils m'ont empoisonné pendant plusieurs mois. Ils souhaitaient que je demande une ordonnance de curare au docteur Petiot. Vous devinez ma réponse…

Est-il exact que vous avez tenté de faire évader Napoléon de Sainte-Hélène ?

Oui, c'est vrai, encore que je n'aime pas me vanter. Si entre Corses on ne peut pas s'aider un peu... »

Détail piquant qui en dit long déjà sur la notoriété médiatique qu'il a acquise, dans ce même numéro de *France-Soir*, Jean Laborde, grand spécialiste du banditisme, lui consacre à son tour un papier pour le moins flatteur :

« Accordons-lui le bénéfice d'un mot qui fut la devise d'un autre éternel persécuté, Chéri-Bibi : fatalitas, trois fois fatalitas... Il faut se rendre à l'évidence : François Marcantoni est comme le radar, le poisson-pilote, l'étendard des grands faits divers. Il rappelle ce personnage du film de Carné, *Les Portes de la nuit*, joué par Jean Vilar, mystérieux passant qui apparaît à tous les tournants de l'action comme un envoyé du destin, mais dont on ne dira jamais pourquoi et comment il s'est trouvé aux côtés des protagonistes. »

Que dire de la conclusion du journaliste :

« Une silhouette aussi irremplaçable doit être protégée à tout prix. Elle nous est trop précieuse : avec François Marcantoni, il se passe toujours quelque chose. »

Un clin d'œil en forme d'hommage publicitaire aux Galeries Lafayette !

Autre animateur populaire à être tombé sous le charme du bonhomme : Patrick Sébastien. À la sortie de *Strass et Voyous*, une invitation au micro de RTL fut lancée à Marcantoni. Patrick présentait sur la station de la rue Bayard une émission intitulée *Vos plus belles années*.

Ce jour-là, fin octobre 2009, j'accompagnai François, à sa demande. Alors âgé de quatre-vingt-neuf printemps, il était angoissé. Je l'avais rassuré sur les intentions de l'animateur. Il n'était pas homme à tenter à tout prix de piéger l'invité, contrairement à d'autres dont on taira les noms ! En outre, je tenais de Sébastien lui-même que, quand il avait débarqué à Paris, vivement encouragé par cette « vieille canaille » de Jean Cormier, inégalable connaisseur du monde du rugby et tout autant des troisièmes mi-temps, il avait été cueilli et accueilli par des Corses… d'un certain Milieu ! De plus, l'interview était enregistrée, et Rémi Castillo avait su d'emblée mettre Marcantoni en confiance, lui répétant que s'il voulait revenir sur un propos, cela ne posait aucun problème.

À la fin de l'émission, pendant que Marcantoni était entré en discussion avec un autre invité, Hugues Auffray, Patrick me fit un signe discret de la main.

– Putain, le vieux, super. Un sacré client ! Tu crois qu'il accepterait qu'un soir on dîne ensemble ?

Et comment donc ! Rendez-vous fut pris pour une soirée à *La Villa Corse* du boulevard de Grenelle. Une soirée à laquelle je crus bien ne jamais pouvoir participer, hélas ! Je m'étais porté volontaire pour passer prendre Marcantoni à son domicile. J'étais en train de remonter en voiture la rue de Rivoli en direction de la porte Maillot quand, patatras… la sonnerie de mon portable retentit. Malheureux réflexe, je décrochai. Au bout du fil, Sébastien :

– Dis donc, c'est quelle Villa, Grenelle ou Malakoff ?

– Grenelle… Oh putain, je te laisse, je raccroche !

Hélas ! Trois fois hélas ! Que ne venais-je pas d'apercevoir soudain dans le rétroviseur ? Eh oui… deux motards de la Police nationale. « Mon compte est bon, pensai-je aussitôt. Et ma soirée, foutue ! »

L'un des deux motards me doubla et fit un grand signe de la main qui ne trompait pas : ni contraint ni forcé, j'étais invité à le suivre. Nous remontâmes donc de concert l'immense rue jusqu'à la place bien nommée de la Concorde. Là, piètre consolation, j'avisai au nombre de voitures immobilisées que je n'étais pas le seul à avoir enfreint les règles de bonne conduite… Heureusement, au bout d'une vingtaine de minutes, je fus rassuré. La contravention, je n'y couperais pas. Le retrait de points, ce fut assuré. Mais, chance inouïe pour moi, ma soirée était préservée, puisque je n'aurais pas à laisser mon véhicule sur place, comme je l'avais craint. Au risque de commettre un nouveau délit, de vitesse celui-là, je gagnai à vive allure la place du Général-Kœnig, où Marcantoni faisait le pied de grue au bas de son immeuble. Et rebelote à vitesse grand V jusqu'à Grenelle, sur fond sonore d'une cassette de chansons de Tino Rossi fredonnées, moment rare, par mon passager !

Quand, arrivé à La Villa avec mon invité de prestige, aussitôt salués par les amis Tony et Augustin, gérant et proprio de l'établissement, on nous désigna un espace au calme, au fond du restaurant, il parut de toute évidence que Sébastien, Maud le Kabyle et Jésus le Toulonnais avaient déjà débuté la soirée de belle manière, à en juger par l'exubérance affichée des trois lascars ! Après avoir conté la mésaventure, un chaleureux « à la nôtre tous » s'éleva. Les coupes se levèrent, se heurtèrent. Un « *Pace e Salute* » accompagna le geste. La soirée pouvait commencer. Elle promettait de se prolonger tard dans la nuit. Ce fut le cas. Marcantoni, ravi à l'évidence de l'intérêt porté par Patrick à ses anecdotes et divers souvenirs, se surpassa, relancé au besoin par ses deux « vieux » acolytes, nourris d'eux depuis des lustres !

De g. à d. : l'auteur, Patrick Sébastien, Marcantoni, Jésus et Maud.

On doit à la vérité de dire que l'homme que le public a découvert, connu et apprécié à la radio, à la télévision où il fut souvent convié, jouant au mieux son rôle de vedette, tant auprès de ceux qui venaient à lui qu'auprès des médias, c'est d'abord et avant tout l'homme qu'une affaire – exceptionnelle pour un gangster – propulsa un jour sur le devant de la scène. Il a, d'une certaine manière, joui de ce passage soudain de l'ombre à la lumière, tout en feignant de le balayer d'un revers de manche. Il n'était pas dupe et restait au fond de lui lucide quant à sa « célébrité ».

Davantage que le monde du spectacle que Belmondo a fait ressortir dans sa préface de *Strass et Voyous* pour signaler combien Marcantoni l'avait « bien connu », c'est sans doute plus encore le spectacle du monde dont ce dernier n'était pas dupe et sur lequel il jetait « un regard clair, amusé ». Être convié à la table de cet homme, c'était l'assurance d'échapper un moment au blues, au spleen, au cafard. Aussi à l'aise que s'il était sur une scène de théâtre, il déversait littéralement un flux de récits truculents dont les héros s'appelaient, au gré des rencontres, José Luis de Vilallonga, Marcel Cerdan,

Sauveur Chiocca, Pierre Brasseur, Michel Simon, José Giovanni, Lino Ventura, Raymond Pellegrin, André Pousse, Tino Rossi, mais aussi Pierrot le Fou, Papillon, Borniche, Robert Hersant, Alphonse Boudard… Tout un gotha ! Lui-même n'en disconvenait pas. Si, à l'automne 1968, une sordide affaire ne l'avait pas propulsé à la Une de tous les médias, le plaçant au centre d'un scandale d'État parmi les plus nauséabonds que la Ve République ait traversé – il y en eut d'autres –, jamais il n'aurait accédé à pareille notoriété. Homme du Milieu il était, homme du Milieu il resterait, devant se contenter de poursuivre sa vie dans un anonymat pour lequel, qui sait, il n'était pas fait… ni programmé !

Marcantoni et Belmondo sur le tournage du *Solitaire*, 1986.

Avant même de devenir une figure médiatique, il bénéficiait déjà d'une solide réputation dans le Milieu. Parmi ceux qui ont survécu aux règlements de comptes des Trente Glorieuses, mais aussi à la Covid-19, voici deux témoignages qui trouvent ici leur place.

Bernard André, le Baron provençal, a été un « beau voyou ». Car ça, c'était avant ! Issu d'une famille aisée, titulaire d'un baccalauréat à dix-sept ans, il choisit un mode de vie autre que celui auquel il pouvait prétendre et opta pour un autre milieu, qu'il intégra en loup solitaire. Ce qui ne l'empêcha nullement de nouer des amitiés au sein du Milieu corse, lui, le *pinzutu*[10]. Il a raconté voilà quelques années son parcours sinueux dans un livre pittoresque et exaltant pour qui s'intéresse à ce type de littérature, *L'Itinéraire d'un voyou gâté* (L'Opportun, 2015). Il faut l'entendre parler des bars mythiques de Paris, le *Laetitia* de la rue Notre-Dame-de-Lorette et *Les Trois Canards*, du 48 de la rue de La Rochefoucauld. Après lui avoir fait part par téléphone de cette mise en pages d'évocations liées à Marcantoni, il m'a fait parvenir, le 7 novembre 2020, ce mail puisé dans ses souvenirs d'antan :

« C'est aux Trois Canards que j'ai porté mes pas à Paris, à l'occasion d'une permission de sortie de prison, où j'arrivais en fin de peine. À la centrale de Liancourt, un Corse m'avait donné un mot à transmettre à son ami Marius Bertella, le gérant de l'établissement. Ce qui fut fait. Après m'avoir vivement remercié de ce mot que j'avais réussi à planquer, il a tenu à me présenter quelques minutes plus tard à quelques-uns de ses amis assis autour d'une table. L'un d'eux n'était autre que François Marcantoni, un seigneur que j'apprendrai à mieux connaître par la suite.

Tous s'exprimaient dans la "langue du pays". Je n'y comprenais rien, mais me sentir ainsi accepté, presque intégré dans leur fratrie, quel bonheur pour le jeune que j'étais encore !

---

10. En Corse, *pinzutu* est le terme qui désigne celui qui vient de France continentale.

Définitivement à l'air libre, on m'a donné là argent, conseils et même une arme. Le tout accompagné d'un souhait pour moi de réussite. Tout ça ne s'oublie pas.

Nous étions en juillet 1974. À ce moment-là, Marcantoni était sous contrôle judiciaire, dans le cadre de l'affaire Markovic. Il cultivait la discrétion. Rien ne filtrait dans ses propos. Personne, en fait, ne lui posait de questions, s'en tenant à la lecture quotidienne des journaux. J'avais moins de trente ans, mais, sans les connaître, je voyais souvent de futures pointures, telles que Tany Zampa, dont le père, Mathieu, était un pilier, Jacky Imbert, le Mat, Edgar Zemour et quelques autres.

Avec Monsieur François, une sympathie mutuelle s'est installée. C'est lui qui m'a ouvert la porte du *Laetitia,* que tenaient les deux frères Panzani. Je dois dire que, dans ce lieu, la Corse m'a ouvert ses bras. Il fallait voir ce bar où, sans parrainage, vous n'entriez pas ! Là, je me trouvais transporté à Sartène, Corte, Ajaccio, Propriano. Les deux maîtres des lieux avaient reconstitué une chaleur qui rappelait à chacun son village natal. Ah, les rigatoni aux cèpes, accompagnés d'un Peraldi ou d'un Patrimonio de derrière les fagots !

Plus tard, j'ai retrouvé François dans un petit bar qui faisait restaurant qu'il tenait en haut du boulevard Gouvion-Saint-Cyr, *L'Arbois.* Souvent, je déjeunais avec lui à la première table sur la droite. Quand il était trop occupé, il veillait personnellement à me faire servir un plat corse. Mes papilles gardent le goût des pâtés de merle, tout comme du succulent figatellu et autre délicieuse polenta castagniccia.

François Marcantoni fut mon ami durant près de quarante ans. Il allait de soi que je l'accompagne jusqu'au bout de notre amitié à son enterrement, à Toulon, et approcher ainsi une dernière fois son cercueil.

Quelle époque nous avons connue, traversée… ! Des seigneurs comme lui, voilà bien longtemps qu'il n'y en a plus. »

Gérard Vincent, vedette en son temps du show-biz, et du *biz* sans forcément le *show*, est encore aujourd'hui à même d'évoquer son ami François, lui qui l'a fréquenté depuis sa post-adolescence jusqu'à la fin, participant à Toulon à la portée du cercueil. Dans un livre truculent, aux dialogues dépassant ceux de Le Breton et d'Audiard réunis, sobrement intitulé *Merci Monsieur le Juge !* (Le Texte vivant, 2016), il a livré le récit de sa toute première rencontre avec Monsieur François. Oh ! C'était hier !

Voici donc sa présentation du « Commandant » – autre surnom donné à Marcantoni –, extraite de son manuscrit avant publication :

« Il m'est impossible de m'engauffrer ce marathon d'écriture sans jacter de mon ami, vieux complice de toujours, un bonhomme dans le vrai sens du terme, le parrain corsico, Monsieur François Marcantoni. Involontairement, il est le fil rouge de ce tourbillon d'enculades successives ! Et puis, sans lui, une partie de moi-même n'existerait pas.

Je l'ai rencontré pour la première fois en 1964 ; à l'époque, je tricotais dans la chansonnette et il me fallait quelqu'un qui ait des relations dans le show-business où toutes les portes m'étaient verrouillées.

Paul le Malin me présenta celui qui allait devenir mon ami, mon pote, et peut-être même aussi un peu mon père.

Notre première rencontre donna en quelque sorte le tempo de nos futures relations :

– Bonjour, Monsieur François.

– Assieds-toi, grand. Alors comme ça, tu te prends pour la Callas ? Bien sûr que je vais te le donner, ton coup de main, mais tu sais, dans le show-biz, il n'y a pas d'homme ni de parole. Le talent, ils s'en balancent. Ce qui compte pour eux, c'est seulement le pognon, rien que le pognon.

J'apprendrai à mes dépens que le vieux Corse avait plus que raison… Il faut savoir que François était considéré comme un Parrain, bien qu'il n'ait jamais parrainé personne. Par contre, quand deux lascars se retrouvaient en baramie[11], il savait mieux que quiconque placer la bonne parole, et chacun retrouvait sa place autour d'un whisky. »

Et Gérard de conclure cette présentation par ces quelques paroles venues du cœur :

« Le grand bandit corse n'avait qu'une seule passion, celle de déconner. Il balançait une vanne toutes les deux minutes. J'ai passé des week-ends chez lui avec Yves Mourousi, le journaliste phare de l'époque, à chialer de rire. Invité d'honneur aux *Grosses Têtes*, chez le père Bouvard, il a fallu qu'il raconte qu'une

11. Conflit, dispute, embrouille.

femme lui avait téléphoné pour l'engager dans une pub Monsavon : “Avec Marcantoni, vous aurez toujours la peau lisse !” Effet garanti…

Il faut dire la vérité. François était un vrai cabot. Il bandait à chaque interview, que ce soit à la télé ou à la radio… Mais l'ancien braqueur était plein de trac. Alors, il fallait absolument que je l'accompagne, que ce soit chez Mireille Dumas, chez Fogiel… ça le rassurait.

Si Dieu existe, il ne doit pas s'emmerder avec le vieux. Je crois même que c'est pour cette raison qu'il a pris la peine de l'appeler auprès de lui. Nous avons vécu sous un soleil rieur. Désormais, mon cœur vit dans la brume et sous la pluie, hélas, à tout jamais ! »

Chapitre 21

La phrase qui tue !

« Héros, savant, artiste, apôtre, aventurier,

Chacun troue à son tour le mur noir des mystères[12]. »

Quoi de plus parlant que ces deux vers d'Émile Verhaeren pour aborder l'histoire personnelle de Marcantoni, celle qui lui a donc valu notoriété, célébrité, vedettariat ? Celle qui lui a également permis d'accéder à une page de l'Histoire, de cette Histoire qui s'écrit avec un grand « H » : celle de la Vᵉ République, sempiternellement présentée par ses acteurs comme exemplaire, riche de ses valeurs et *tutti quanti*.

Nombreux sont ceux et celles de la génération de l'« ancien monde » qui, à l'évocation de ce nom, Marcantoni, s'esclaffent : « Marcantoni ? Ah oui ! L'affaire Markovic, Delon, Pompidou… » C'est dire si, de simple fait divers, elle est passée à une affaire d'État restée ancrée dans l'esprit de beaucoup de gens. Il est vrai que, sept années durant, elle s'est transformée en un tel feuilleton quotidien qu'en France aucune autre affaire ne l'a égalée.

Les ingrédients, il faut le dire, avaient tout pour séduire les rédactions ! Alors qu'aux États-Unis, un Spielberg, un Scorsese, un Tarantino ou n'importe quel autre réalisateur star se serait emparé du sujet pour en tirer un film aux entrées fracassantes, aux premières loges duquel on eût trouvé à l'affiche un de Niro, un Al Pacino, un Hanks ou un DiCaprio, en France : rien, *walou* ! Deux ou trois réalisateurs de renom ont voulu se lancer dans l'aventure, dont François Truffaut. Même pour une radio périphérique, il essuya un refus net

12. Émile Verhaeren, « Vers le futur », *Les Villes tentaculaires*, E. Deman, 1895.

de la direction de parler de ce sujet devenu tabou. Dans une lettre adressée à Marcantoni, datée de juin 1970, reproduite ici *in extenso*, il écrit à l'encre de son stylo à plume :

Cher Monsieur,

Quand j'ai accepté de travailler à RTL pour une semaine, le directeur de la station m'a assuré : « Vous avez carte blanche, vous pouvez faire parler qui vous voulez de ce que vous voulez… la seule exception : Madame Pompidou et Markovic. » J'ai assez bien profité de cette carte blanche mais, en fin de semaine, je me suis rendu compte que l'exception s'étendait à Michel Debré et à l'affaire du bazooka !

Je le regrette d'autant plus que je ne m'expliquais pas le silence complet de la presse sur votre livre qui m'a beaucoup intéressé.

Croyez-moi attentivement vôtre.

André Cayatte seul se servit de ce dossier explosif pour en tirer un film… de fiction, *Il n'y a pas de fumée sans feu*. Silence total, donc.

Dans les années 2000, selon Marcantoni, des pourparlers furent engagés avec Claude Berri, tandis qu'un autre projet axé sur un angle politique fut envisagé par son grand ami Daniel Vigne, réalisateur césarisé pour son remarquable *Le Retour de Martin Guerre*, avec Gérard Depardieu et Nathalie Baye. Mais il n'y eut pas de suite.

En 2003 ou 2004 déjà, une première alerte de santé conduisit François à être hospitalisé au Val-de-Grâce. Puis, à sa sortie, il passa sa convalescence dans une clinique près des Buttes-Chaumont. Combien de journalistes inconnus lui rendirent alors visite ! L'un d'eux arriva même porteur d'une boîte de vingt-cinq Robustos de Cohiba. Ils ne mirent guère de temps à partir en fumée ; François avait depuis belle lurette le virus du corona ! Ces visites n'étaient évidemment en rien spontanées et amicales, mais on ne savait jamais, si « le Vieux », qu'on disait assurément proche du grand départ, se déliait la langue ! Même malade et affaibli, c'était mal le connaître. Par ailleurs, le roc qu'il était se remit plutôt vite, à la surprise même du monde médical. Sans parler de celle de ses proches !

À la sortie de son ouvrage, en 2006, *Monsieur François, le Milieu et moi, de A à Z* (Le Cherche Midi, 2006), de nouveau les médias se focalisèrent sur lui. Quelques jours avant une émission pour la promo du livre, il était inquiet et avait besoin d'être écouté, réconforté. Très âgé, il craignait de « s'emmêler les pinceaux », d'oublier tel fait qu'on pouvait lui demander d'expliquer. Bref, comme souvent, c'est une table du Méridien qui servit de lieu de réunion, autour de laquelle se retrouvèrent quelques proches. Tout le monde y alla de bons mots, de plaisanteries diverses et parfois pour le moins avariées, mais qu'importe ! Il fallait le rassurer à tout prix, lui dire que le présentateur attendait plutôt qu'il raconte le Milieu tel qu'il l'avait vécu. Quelques jours plus tard, rebelote. Monsieur François avait une révélation à faire. Rendez-vous fut donc pris, chez lui cette fois. Les mêmes étaient présents.

– Les amis, je vous ai convoqués parce que j'ai une déclaration à vous faire avant mon passage à la télé. Comme je n'arrive pas à dormir de la nuit, j'ai un peu réfléchi. Oh ! Soyez rassurés, pas trop ! Mais je crois que j'ai trouvé quelque chose qui peut avoir de la gueule. C'est pourquoi je vous ai demandé de venir. Mais avant… vous n'avez pas soif ?

Nous nous retrouvâmes donc tous à trinquer, dans l'attente de ce qu'il avait à jacter. Après un ou deux verres, il sortit de la poche de sa veste une feuille sur laquelle quelques mots étaient griffonnés.

– Les amis, écoutez bien. Comme je vous l'ai dit, mon esprit a chauffé. Je pense avoir trouvé une phrase qui, si je la place bien, peut faire son effet dans l'émission. Il me la tendit.

– Tenez, lisez et dites-moi ce que vous en pensez.

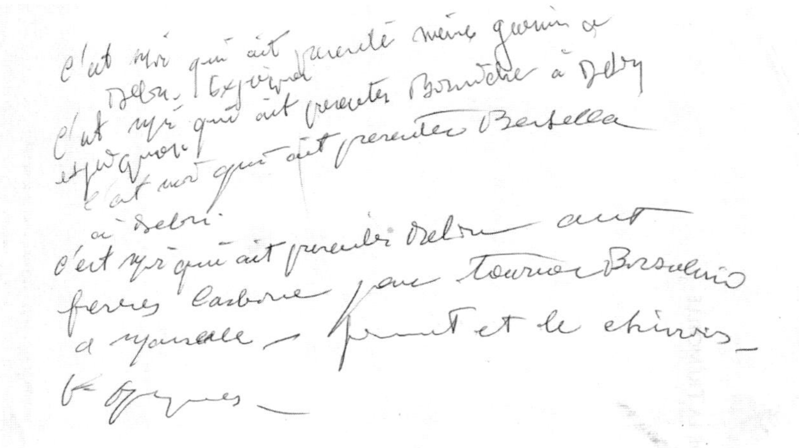

Un bel exemple de la quasi-illisibilité de son écriture manuscrite.

Marcantoni aurait pu être médecin : son écriture relevait d'une succession de hiéroglyphes ! Je m'efforçai de procéder au déchiffrage.

Peine perdue. Il reprit sa bafouille et s'élança. Ce morceau d'anthologie allait entrer dans le panthéon des médias après qu'il nous l'eut ainsi énoncé, tout en guettant les réactions de chacun :

– Trois personnes seulement connaissent l'affaire Markovic.

Silence. Suspense garanti.

– Oui, trois personnes la connaissent. François Marcantoni, Alain Delon et un troisième personnage que la police et les magistrats n'ont jamais interrogé.

Suspense insoutenable. Mais qui donc ? Théâtral à souhait, le geste ample, l'accent corse à couper au couteau, tel César dans Pagnol :

– Eh bien, je vais vous le dire. Cette personne, c'est Dieu. Mais Dieu ne balance pas !

Il nous fixa chacun notre tour, les yeux rieurs. Que pouvions-nous rétorquer d'autre qu'un :

– Grandiose, génial ! François, cette connerie, ça va faire un tabac… nom de Dieu !

Troisième partie

L'AFFAIRE

Chapitre 22

La découverte du corps

Homme d'État, inoubliable maire de Lyon des années durant, Édouard Herriot avait en son temps formulé une maxime que Marcantoni ne se privait jamais de citer, la reprenant à son compte :

« La politique, c'est comme l'andouillette. Ça doit sentir la merde, mais pas trop ! »

L'affaire Markovic en est la parfaite illustration. Pour ceux qui n'ont gardé en mémoire que trois noms de cette sombre intrigue qui a ébranlé la République, sans la faire sombrer autrement que dans un torrent de boue, quoi de mieux que de se reporter dans le temps ?

Comme trop fréquemment pour ce qui relève de l'« ancien monde », les forces occultes de l'État ont fait en sorte que la République réchappe du bourbier dans lequel elle s'était enferrée. Certes, elle fut éclaboussée, mais parvint à s'en extirper, préservant l'essentiel : son honneur. Ce qui, marque que les temps changent, ne fut pas le cas d'un certain DSK, trop confiant de ce que la vie privée restait encore protégée malgré les avancées du voyeurisme ambiant dans lequel la société s'était engouffrée. Eh oui, dans ce « nouveau monde » en marche, les politiciens, de plus en plus soumis aux diktats d'une nouvelle caste, celle des communiquants, n'ont eu de cesse de se *peopliser*, faute d'une audience populaire qui n'a cessé de croître.

O tempora, o mores !

Fin connaisseur de la comédie humaine et, en conséquence, de ceux qui, quels que soient les époques, les régimes, écrivent l'histoire – trop souvent des hommes de cour, des thuriféraires inféodés à ceux qui leur dispensent honneurs et assoient leur notoriété –, on doit à Balzac ces lignes qui seraient aujourd'hui dénoncées comme « complotistes » :

> « Il y a deux Histoires : l'Histoire officielle, menteuse, qu'on enseigne, l'Histoire *ad usum delphini*[13], puis l'Histoire secrète, où sont les véritables causes des événements, une Histoire honteuse[14]. »

Tout commença le 1er octobre 1968, à 10 heures. Ce jour-là, un mardi, le cadavre d'un homme fut découvert dans une décharge non autorisée située dans le bois dit « de la Cavée », en contrebas de la route départementale 58. C'était à la sortie d'Élancourt, commune proche de Goussainville, proche, également, d'Orvilliers. Deux détails géographiques en apparence anodins, mais qui prendraient de l'importance au fil du temps.

Rapidement alertée par un manœuvre demeurant à la ferme de la Villedieu à Élancourt, la gendarmerie de Pontchartrain procéda aux premières constatations, assistée d'un médecin de Trappes. Il en ressortit que le corps était dans un état de décomposition déjà avancé. Il était enveloppé dans deux sacs, l'un en toile de jute, l'autre en plastique. Selon toute vraisemblance, le paquet était appelé, dans cet endroit désert, à l'écart de la route, à disparaître définitivement sous les détritus à venir. Le hasard avait voulu qu'il fût retenu par des branchages. Ainsi bloqué dans sa chute, il n'avait pu débouler jusqu'au fond du ravin.

Le jeudi 2 octobre, les empreintes digitales du cadavre parlèrent. Elles permirent aux policiers qui avaient pris le relais des gendarmes

---

13. « À l'usage du Dauphin » : formule estampillée sur la couverture des textes classiques qui avaient été épurés de leurs passages trop scabreux ou inappropriés pour les écoliers.
14. Honoré de Balzac, *Illusions perdues*, 1837-1843.

d'identifier la victime. Il s'agissait d'un Yougoslave, Stevan Markovic, né en 1937, défavorablement connu des services de police depuis plusieurs années. Ce qui attira de suite l'attention des enquêteurs, c'était l'adresse du garçon : 22, avenue de Messine.

Cette adresse, qui faisait l'angle avec la rue de la Bienfaisance à Paris – ironie de l'histoire –, correspondait à un hôtel particulier dont les occupants n'étaient autres qu'Alain et Nathalie Delon.

Chapitre 23

Trois lettres accusatrices

Ce même 2 octobre, une autopsie fut pratiquée à la morgue du centre hospitalier de Versailles, où le corps avait été transporté. Elle révéla que l'homme avait succombé à un traumatisme crânien provoqué vraisemblablement par un objet contondant. Les deux experts mandatés, les docteurs Lecœur et Bailly, firent remonter le décès « au moins à la nuit du jeudi 26 au 27 septembre 1968 ».

À 17 heures, les enquêteurs se présentèrent au 22, avenue de Messine pour une perquisition. Ils furent accueillis par l'impresario de l'acteur, Georges Beaume. Il les informa qu'Alain Delon était absent de Paris. En cette période, il tournait à Saint-Tropez un film de Jacques Deray, *La Piscine*, où il avait pour partenaires principaux deux proches, Romy Schneider et Maurice Ronet. Après leur avoir servi de guide pour une visite de l'hôtel particulier, il les introduisit dans l'appartement de Markovic, un très modeste deux-pièces. Tout était dans un certain désordre apparent, mais rien ne laissait à penser qu'il aurait pu se produire là une bagarre, une lutte quelconque. Ce qu'ils consignèrent sur procès-verbal. Y figuraient aussi un certain nombre de feuilles manuscrites, ainsi que des pellicules photo. Ils les saisirent.

Plus tard, des « sources bien informées » laisseraient fuiter que si ces dernières faisaient bien partie des mises sous scellés, un film de négatifs et un autre non développé ne figurèrent jamais dans la procédure. Paraît-il qu'ils n'offraient aucun intérêt !

Depuis 1966, Markovic est attaché à la personne d'Alain Delon. Entré clandestinement en France le 18 octobre 1958, à peine âgé de vingt et un ans, il avait fui la Yougoslavie. Le 7 novembre, il recevait le statut de réfugié politique. Jusqu'en 1966, il vivota de petits jobs en activités plus diverses… pas toutes dans la plus stricte légalité. Pour preuve, Delon le sortit de prison en janvier 1966. Il l'engagea pour respecter une promesse faite à un compatriote, Milos Milosevic, qui avait été sa doublure et était mort tragiquement à Los Angeles le dernier jour de janvier de cette année 1966 dans des circonstances mal définies, conclues après une enquête en suicide. Le 5 octobre, Alexander Markovic, le frère de Stevan, que la presse présenta un peu rapidement comme officier de renseignement au service du maréchal Tito, fit savoir à la police que le défunt avait laissé trois lettres à son intention, au cas où il lui arriverait quelque chose. Il se savait donc en danger.

Ces trois très longues lettres, traduites du serbo-croate, peu compréhensibles par ailleurs, figurent un peu partout dans des livres et, bien sûr, dans le rapport du commissaire principal Bardon destiné à « Monsieur le Commissaire divisionnaire, chef du service régional de police judiciaire de Versailles », un document de juin 1973 à en-tête du ministère de l'Intérieur et de la direction générale de la Police nationale, portant le numéro 7459. Dans la première, postée le 17 septembre 1968 et adressée à son « cher frangin », Stevan écrivait :

« Les circonstances et ma situation sont, en ce moment, telles que quelque chose peut facilement m'arriver, quelqu'un m'aura comme on a eu Milos, mais là, frangin, il y aura assez de sang, car je ne suis quand même pas né de la dernière pluie, et je dois aussi tout déclarer, tout mettre en mouvement moi-même, car mon honneur est en jeu, et puis attendre le reste. Ces voyous, ici, et (*sic*) bien ce sont des ordures, tous jusqu'au dernier, et ceux qui ne le sont pas ne peuvent me venir en aide. Et moi, j'ai besoin d'aide, mais qui attraper et comment ! Je suis de l'ancienne époque et tel je mourrai. Il fut chevalier et chevalier resta. Sur un million de lutte, jamais je n'ai été battu, et c'est bien ce qui m'incite à réfléchir en me disant que quand je serai battu, ce sera pour toujours [...]. »

Dans la deuxième lettre, postée le 20 septembre, il apportait de troublants éléments :

« Aco, je vais te donner quelques détails dont tu auras peut-être besoin un jour, si quelque chose m'arrivait si je me trouvais en tôle, à première vue ce serait normal, mais en réalité, derrière cela, se cacheraient mille détails que tu dois connaître, et tu dois me croire, moi, moi seulement, car je ne suis quand même pas fou pour te faire tomber tout à coup dans l'embarras, n'est-ce pas ? Et surtout s'il m'arrivait quelque chose de semblable à ce qui est arrivé à feu Milos. Je veux te dire que je suis en guerre et que je connais les règles et que je sais tout, de sorte que je veille à tout, même si quelqu'un me giflait, je ne me battrais pas car je soupçonnerais que c'est un coup monté. Donc, si je vais en tôle à cause de quelque chose, et quoi que cela soit, tout n'est que mensonge et cela ne peut être qu'un coup monté. Qui ? Je te cite les coupables, la famille dans laquelle je vis, et certainement A. D., lui, personnellement, homme faible d'esprit et malade dont l'opinion varie à tout sujet suivant l'intrigue, et qui se soumet à toute personne dont le caractère est plus fort que le sien ; et puis son associé qui en ce moment feint d'être mon associé ? Pour le fric, alors c'est peut-être un doublage. Moi je ne fais que garder tout en tête, mes copains t'expliqueront tout si moi je ne peux le faire, et toi prends ce qui est vrai et ne fais confiance à personne jusqu'à la fin, si ce n'est en paroles, oui, oui, etc. Donc A. D. et sa famille, avec ce type, est responsable. François Marc Antony (*sic*), Corse boiteux, gangster, etc. Il habite au 42, boulevard Gobelins à Saint-Cyr, angle du boucher porte en bois jaune, 3e ét. gauche, essuie-pieds avec initiales F. M., tél [...]. »

Dans la troisième, postée le 25 septembre par un ami de Stevan, Vuk Blagojevic, à qui il l'avait confiée avant sa disparition, à charge s'il était sans nouvelles de lui de l'envoyer à son frère Alexander, les craintes de l'auteur n'étaient en rien dissipées, tout au contraire. Elles étaient devenues obsessionnelles, puisqu'on y retrouvait, extraits, les mêmes termes que ceux de la précédente :

« Alors, pour tous mes trucs ou mésaventures, s'adresser à Alain Delon, en tant que responsable de cela à 10 000 %. Son associé, qui me joue le jeu maintenant comme s'il était le mien et il l'est peut-être, seulement je prends cela comme une précaution, est un voyou qui peut me jouer et travailler pour (A) et moi, il me vend des cacahuètes pour de la crème de choix ; ce jeu, je dois le jouer, car ce n'est peut-être pas vrai, mais je dois prévoir cela aussi car si cet homme est avec moi, c'est uniquement à cause du fric, et pour le fric, il peut travailler pour (A) aussi. Lui, c'est François Marc Anthony (*sic*), Corse, véritable gangster, domicilié bd Gobelins Saint-Cyr, n° 42, angle à côté de la boucherie [...]. »

De quoi assurément laisser les policiers perplexes et stupéfaits. Une certitude pour eux cependant : le gangster cité par Markovic ne pouvait être que Marcantoni, dont le patronyme ne leur était certes pas inconnu. Tout paraissait dorénavant en voie de clarification. Ce n'était qu'une question de temps. Il ne leur restait plus qu'à trouver le mobile. Probablement un règlement de comptes dont le truand Marcantoni et son ami l'acteur vedette étaient les protagonistes complices. À propos de quoi ? L'interpellation et l'audition des deux hommes devenaient inéluctables. Il ne leur manquait plus que la commission rogatoire du juge Patard pour légaliser l'opération.

Celle-là se déroula entre les 11 et 14 octobre 1968. Qu'allait-il en ressortir, en résulter ? Rien de concret, hormis quelques informations sans grand intérêt, d'autant qu'elles furent distillées au compte-gouttes. Marcantoni, homme du Milieu devenu le « paisible retraité » de Goussainville, n'avait pas craqué sous la torture de la Gestapo. Il n'avait pas parlé dans certaines autres affaires où il avait été mouillé. Ses passages à la case prison en témoignaient. L'homme savait encaisser. Placé en garde à vue durant cinquante-deux heures le 12 octobre 1968, relâché au terme des quatre heures de bonus puisque la GAV ne doit pas légalement dépasser quarante-huit heures, convoqué une petite semaine plus tard à visiter les locaux de la brigade mobile pour y être interrogé sans relâche, il en ressortit libre comme l'air. Difficile de placer en détention, fût-elle provisoire, un individu au prétexte que les enquêteurs ont mis la main sur des cartes de visite portant le nom tel qu'écrit dans les lettres de Stevan : Marc Antony. La réponse du suspect aux enquêteurs allait de soi ; des cartes de visite associant cette graphie au métier de producteur, voilà de quoi séduire encore davantage la gent féminine !

Quant à Alain Delon, les enquêteurs le soulignèrent, unanimes, il s'en tint à des réponses laconiques. Il avait été à bonne école ! Oui, aux inspecteurs Amar et Blain venus l'auditionner, lui, dès le

3 octobre à la Capilla, la villa tropézienne que l'acteur avait louée, il avait répondu qu'il avait foutu Markovic à la porte depuis quelques mois déjà. Il faisait remonter cette rupture au début de l'année en cours. Et alors ? Marcantoni ? Oui, il était son ami. Truand ? S'il fallait trier ses amis en fonction de telle particularité, ce n'était pas sa manière d'être.

Soudain, l'entrevue entre les deux policiers et l'acteur avait été interrompue par un coup de téléphone. Au bout du fil s'était présenté l'interlocuteur, un certain Georges Markovic. Delon avait fait signe à l'inspecteur Blain d'approcher. Il avait appuyé sur le bouton du haut-parleur, sans effet. Dans un français peu compréhensible, l'individu, peut-être dans un état proche de l'ébriété, s'était épanché sur la découverte du corps de la victime. Blain et Delon percutèrent-ils ces propos un peu incohérents ?

On apprit par la suite qu'il avait dit que Stevan était méconnaissable, qu'on s'était acharné sur son visage, ce qui était « inutile, puisqu'il avait une balle dans la tête ». Cette révélation laissa de marbre ceux qui l'avaient entendue. Lui-même, au cours d'un interrogatoire, revint sur cette phrase, s'excusant de son mauvais français, affirmant qu'il avait voulu dire tout autre chose. Quand bien même cette histoire de balle dans la tête eût été prononcée, les policiers n'avaient nulle raison de la prendre en compte. L'autopsie pratiquée sur le corps du défunt n'avait rien révélé – on l'a vu – allant dans ce sens.

Après avoir été accueillis avec une grande affabilité par l'acteur visiblement affecté par le décès d'un homme qu'il avait recueilli, à qui il avait donné son amitié, fidèle à lui-même, pour qui une parole donnée ne peut être reprise, les deux inspecteurs regagnèrent Paris.

Les auditions des deux noms mentionnés dans les « lettres testament » du défunt, Marcantoni et Delon, n'ayant débouché sur aucune charge qui pût justifier un déferement devant un juge d'instruction, pour chacun la vie reprit son cours, le tournage du film pour l'un, la « vie tranquille » pour l'autre.

Fin du premier acte.

Chapitre 24

Quand un détenu amorce une bombe

Cinq jours s'étaient à présent écoulés, au cours desquels les enquêteurs étaient restés en permanence sur la brèche, quand entra soudainement en scène un détenu de la prison de Fresnes, Borivoj Ackov. Il purgeait une peine pour vol, recel et détention d'armes. Sa double particularité : il était yougoslave et se prétendait ami de longue date de Markovic. Or, il venait d'apprendre sa mort. Il souhaitait en savoir davantage sur les circonstances.

Il se fendit donc d'un courrier qu'il envoya à Alain Delon. Par une connaissance commune, il avait appris où l'acteur résidait, à Saint-Tropez. Mais pouvait-il ignorer que toute lettre transitait par un bureau de l'administration pénitentiaire et y était contrôlée avant d'être expédiée au destinataire ? Pour un voyou déjà chevronné, l'hypothèse est peu crédible. Tout naturellement, la sienne fut interceptée.

Dans son courrier à l'acteur, il faisait part de son désir d'en apprendre davantage sur la mort de celui dont il se disait l'ami, qu'il avait appris de son avocat cet après-midi même du 10 octobre. En réalité, l'enquête allait le démontrer, bien incapable d'écrire une missive dans un français sans fautes, il en avait confié l'écriture à quelqu'un d'autre que lui ! Seule la signature était bien la sienne. En outre, la lettre contenait un mensonge de taille. S'il avançait avoir appris la mort de son ami Stevan par son avocat, c'est en fait trois jours plus tôt qu'il en avait été informé par un certain Collet… inspecteur de police ! Ce que, bien évidemment, aucun procès-verbal ne mentionna.

Où le lecteur commence à voir se profiler un dossier orienté. Au fil des semaines, des mois, des années, il ne cessa de s'empuantir. Pour l'heure, cette lettre suivit donc la voie normale. C'est sur le bureau du juge Sablayrolles, qui gérait le dossier d'Ackov, qu'elle atterrit.

Du fait de son contenu, le magistrat la fit parvenir au Service régional de police judiciaire. Le 30 octobre, celui-ci se soucia enfin de la transmettre en urgence au juge Patard. Quelle précipitation soudaine ! Ce même 30 octobre, en effet, le magistrat délivra une commission rogatoire au SRPJ aux fins de recueillir les déclarations de ce détenu sur ses relations avec le défunt et Alain Delon. Or, dans les jours précédant cette date, que d'événements s'étaient produits !

À commencer par le 26 octobre. Ce samedi donc, le juge, qui multipliait les commissions rogatoires, soucieux de faire flèche de tout bois, demanda à ce qu'il fût procédé à une nouvelle autopsie. Elle correspondait à une interrogation des enquêteurs. Ils s'étaient en effet étonnés de ne pas avoir trouvé de traces de coups sur le corps de la victime. Une victime dont ils avaient appris qu'elle était un redoutable lutteur. Il y avait donc quelque chose qui ne collait pas.

Assisté d'un armurier, le professeur Ceccaldi, directeur du laboratoire de Police scientifique de Paris, fit alors une étrange découverte. Dans la partie médiane de l'os occipital, un orifice correspondait à une balle de revolver de calibre américain 38 spécial, vraisemblablement tirée avec un Smith et Wesson. Une arme de luxe, rarement utilisée par le Milieu.

Souvenez-vous : dès le 3 octobre, pendant la visite des inspecteurs Blain et Amar à la Capilla, un Georges Markovic avait parlé au téléphone d'une balle dans la tête. « Mauvaise interprétation », s'étaient dit les policiers, au point de ne pas l'avoir consigné sur leur PV. Or, cette information relançait de fait l'investigation sur de nouvelles voies. Malheureusement, tout policier expérimenté sait qu'une enquête mal enclenchée n'a aucune chance – ou presque – de conduire à la vérité.

Ce ne fut pas le seul événement marquant. Il a été écrit dans beaucoup d'ouvrages que le Service de documentation extérieure et de contre-espionnage (SDECE) – en clair, les services secrets – avait joué un rôle important dans cette affaire. Plus précisément, une branche à la marge : la base Bison. En charge du traitement des « honorables correspondants », bien que placée sous l'autorité du ministre des Armées, en poste à cette époque Pierre Messmer, elle l'était dans les faits sous celle seule du directeur de l'officine. Plus officieusement – plus parallèlement, serait-on tenté d'écrire –, elle était sous la coupe de Jacques Foccart, le Monsieur Afrique du général de Gaulle. Son rôle, ou sa mission, revêtait un aspect singulier. En effet, elle consistait en majeure partie pour ses agents à placer des micros dans les hôtels où des personnalités étrangères étaient hébergées, de favoriser à l'occasion la mise à disposition d'accortes jeunes femmes ou jeunes hommes, selon les goûts, pour distraire leur nuit ! Et d'en recueillir par la suite les fruits ! Soit dit en passant, elle exerçait une concurrence déloyale avec le service policier officiel du contre-espionnage intérieur, à savoir la Direction de la surveillance du territoire (DST), depuis plusieurs années dissoute.

La base Bison comptait en son sein un jeune Corse appelé à faire une belle carrière dans le sillage de Charles Pasqua, Jean-Charles Marchiani. Pur hasard, comme on l'a vu, Marcantoni et lui étaient cousins. Il est fréquent chez les habitants de l'île de compter au sein d'une famille un berger, un curé, un truand et un haut fonctionnaire de l'administration, souvent un commissaire de police, voire un préfet. Comme aime à le souligner l'ancien grand flic membre de la cellule de l'Élysée, lui-même corse, Charles Pellegrini :

> « Quand on est à une table familiale ou au café du coin, on a autre chose à se dire que de signaler pour l'un sur quel braquage il va aller, pour l'autre à quelle

arrestation il va procéder ! On mange, on rit, on se détend, point barre. »

Deux jours avant l'interrogatoire du nommé Ackov, Marchiani avait rencontré une femme, ancien membre elle aussi du SDECE à Alger. Cette rencontre avait été diligentée par ses supérieurs, plus spécialement par le capitaine Paul Sentenac. Celle qui fut désignée comme « Karamel », de son vrai nom Madame Kamenka, lui avait alors rendu compte de l'existence de photos libertines représentant Markovic avec des personnalités parisiennes, dont la femme de l'ancien Premier ministre. Toujours selon elle, ces photos devaient être mises en circulation, sans être en capacité d'en préciser le moment. Marchiani rédigea son rapport, qu'il transmit à la direction du service. Il prit soin d'ajouter que l'information qu'il venait de recevoir lui paraissait « douteuse ».

Quarante-huit heures plus tard, l'officier de police Georges Monceau se déplaçait à Fresnes pour procéder à l'interrogatoire du détenu yougoslave. Voici la rédaction qu'en fit le commissaire Bardon dans son rapport :

« Dans ses déclarations, Ackov laisse entendre que Markovic pourrait être un maître chanteur comme ses amis Milosevic, dit "Misha" et Sabrija Zulfikarpazic. Selon lui, Markovic, toujours porteur d'un appareil photographique, participerait à des parties fines.

Ackov déclare avoir lui-même participé deux ans plus tôt, en 1966, avec Stevan Markovic et quelques-uns de ses amis dont il ne donne que les prénoms et les surnoms, à une soirée dans une villa de banlieue. »

Voilà pour le rapport officiel. « Petit Claude », le surnom de Bardon quand, jeune débutant policier, son physique beau gosse et ses allures de playboy lui avaient valu d'infiltrer le Milieu, consciencieux sans pousser à la témérité, consentit néanmoins dans la suite de son rapport que :

> « Hors procès-verbal, Borivoj Ackov ajoutait qu'au cours de cette réception assistaient, selon ce qu'on lui avait dit, des personnalités. Il en fut rendu compte à Monsieur le Juge Patard qui devait entendre ultérieurement de son côté le Yougoslave sur les précisions rapportées par l'intéressé. »

Si cette fin de phrase ne relève pas du jésuitisme ! Qu'en termes pudiques ces choses-là sont dites ! Et que déduire de la conclusion tirée ?

> « Le témoignage d'Ackov n'a apporté aucun élément utile à la manifestation de la vérité dans le meurtre de Stevan Markovic. »

Cette « ouverture de parapluie » connut, quelques années plus tard, une démarche identique de la part des plus hautes instances policières, lors de l'assassinat du prince Jean de Broglie. Elle tenait en quelques mots : « Circulez, y a rien à voir. »

Chapitre 25

La bombe est lâchée !

« Tout secret n'est le plus souvent qu'une information différée », disait le résistant humoriste Pierre Dac.

L'homme qui murmurait à l'oreille de François Hollande, puis d'Emmanuel Macron avant de s'éloigner des ors de la République, l'ancien conseiller énarque Gaspard Gantzer, a écrit un ouvrage au titre instructif, *La politique est un sport de combat* (Fayard, 2017). Trop jeune, sans doute, pas suffisamment aguerri ou alors d'une naïveté à ce stade inquiétante, la poursuite d'études poussées l'a assurément tenu éloigné de la fange dans laquelle le monde politique s'est parfois complu, à l'occasion vautré.

Les déclarations du détenu Ackov, dont quelques-unes ne firent étonnamment pas l'objet d'un procès-verbal de la part du policier Monceau, fuitèrent – faut-il s'en étonner ? – de manière opportune, dans les jours qui suivirent sa mise à table. L'inspecteur, après avoir transmis son rapport à sa hiérarchie et susurré à qui de droit quelques anecdotes que lui avait livrées le Yougoslave, fut enjoint, sur nouvelle commission rogatoire, de retourner à Fresnes pour le réentendre. Le juge Patard insista pour que, cette fois-ci, les noms, tous les noms des personnes qu'Ackov citerait, soient consignés dans un procès-verbal.

Certains souvenirs déjà évoqués se firent plus précis. Il put même diriger les enquêteurs vers une villa située à Montfort l'Amaury. Là, assurait-il, Stevan l'avait un soir – deux ans plus tôt, en 1966 ! – branché sur une partouze. Selon le rapport rédigé par l'inspecteur Monceau, qui débute en ces termes administratifs savoureux : « Nous transportons sans désemparer à Montfort l'Amaury par la nationale 12 », arrivé sur place, sans la moindre hésitation, le détenu désigna aux policiers une propriété de la rue Maurice-Ravel qu'il reconnut être celle où son ami Stevan l'avait emmené ce soir-là de 1966. Le propriétaire était absent. Il était l'un des industriels les plus en vue de France, le vice-président du CNPF, l'ancêtre du Medef !

N'est-il pas pour le moins étrange que ce soit le détenu, venu, selon ses dires, une seule fois à cet endroit, deux ans plus tôt qui plus est, qui ait conduit les policiers et non pas l'inverse ? Personne ne parut s'en étonner. Les prémices d'un scénario se dessinaient. Il serait toujours temps, si besoin était, de le modifier ! Le détenu n'avait-il pas parlé de « personnalités » présentes lors de ces agapes festives, au cours desquelles il avait affirmé avoir vu « une femme blonde de quarante à quarante-cinq ans, de grande taille », dont il prétendait ne pas « savoir qui c'était » ? Mais sur le chemin du retour, il s'était montré plus prodigue et surtout… plus précis !

De retour à Versailles, le nouveau rapport transmis, il s'agissait à présent pour la maison Poulaga de se couvrir. Après tout, si les policiers répondaient aux sollicitations du juge, sans doute convenait-il que ce dernier assumât sa part de travail responsable. Le 5 novembre, à la tombée du jour, sur ordre du procureur Lajaunie, lui-même soumis à l'injonction de Capitant, son ministre, Patard débarqua à Fresnes en vue de procéder à l'interrogatoire d'Ackov. Et, comme l'aurait dit l'ami Thierry Roland : « Il ne fit pas le voyage pour rien ! »

Conformément à l'injonction qui lui avait été donnée par sa hiérarchie d'« enregistrer fidèlement tous les noms » que serait amené à donner le détenu au cours de sa déposition, le juge Patard n'eut d'autre possibilité que de rapporter à la virgule près les salaces déclarations du détenu, incluant sur procès-verbal les patronymes de tous les participants à cette soirée, mention faite des « personnalités ». Parmi elles, un nom et un prénom qui furent à l'origine d'un véritable séisme, résumés en un « Madame Premier ministre ». *De facto*, ainsi entrait officiellement le nom de Claude Pompidou dans la procédure… quand bien même, à en croire Ackov par la suite, « les questions avaient été orientées ». D'ailleurs, « il ne se souvenait plus de rien ».

« Vérité en deçà des Pyrénées, erreur au-delà », a écrit Pascal. En l'occurrence, qu'importait ! Le poison venait de s'instiller dans la procédure, officiellement couverte par le sacro-saint secret de l'instruction – dans les faits presque jamais respecté dès lors que cette dernière touche au monde des « personnalités ».

Oublié, l'assassinat de Stevan ! Bienvenue en politique !

Chapitre 26

D'un fait divers au scandale d'État

En ces temps reculés où les réseaux sociaux ne pouvaient être accusés de propager des *fake news*, les rumeurs n'en étaient pas moins présentes, aussi vieilles que le monde, qu'il soit ancien ou nouveau. Aussitôt que l'officier de police Monceau eut transmis l'audition d'Ackov, elle fut orientée vers les cabinets ministériels et certaines rédactions. Comme à l'accoutumée, des bruits commencèrent à circuler ici et là. Ils n'eurent dès lors de cesse de se propager et d'enfler.

Michel Jobert, ancien ministre et pompidolien affiché, a écrit en 1974 ses *Mémoires d'avenir* (Grasset). En voici un extrait, à lui seul explicite :

> « Quand, un matin d'octobre, on découvrit sur la décharge publique d'Élancourt [...] le corps de Stevan Markovic [...], qui pouvait penser que débutait ainsi un de ces grands jeux dont parfois la politique – et ce qui gravite autour – a la frénésie et l'impudeur ?
>
> Quelques jours après, dans un cocktail, deux professionnels des nouvelles chuchotaient en attirant l'attention sur ce fait divers : "Eh bien, ce sont les Pompidou qui vont trinquer[15] !" »

Le premier jour de novembre 1968, un vendredi, veille du week-end de la Toussaint, un homme peu connu du grand public, de ces hauts fonctionnaires « gris », pour reprendre une expression de Mitterrand, franchit le portail de la Boisserie. Demeure familiale du général de

15. Cité dans *La Conjuration* de François Marcantoni.

Gaulle, havre de paix niché dans un parc de plus de deux hectares, c'est là que, loin de Paris, loin de la politique, l'homme du 18 juin aimait à se retrouver pour prendre un peu de repos. Et écrire.

Bernard Tricot était le secrétaire général de l'Élysée. Il était chargé d'une mission toute particulière et ô combien délicate. Passe-muraille s'il en était, il se permit, en urgence, de déranger le chef de l'État à Colombey, au motif qu'il était porteur d'un message relevant, en quelque sorte, du niveau « diamant », l'échelon le plus élevé du secret-défense. Extirpant d'une serviette une chemise qu'il s'empressa de placer sur le bureau de son illustre hôte, il guetta sa réaction.

Ces documents constituaient les procès-verbaux et autres annexes de l'enquête en cours.

> « Grave, il s'enquiert de l'ampleur de la rumeur et des noms de ceux qui, dans le Gouvernement, sont au fait de cette affaire. Bernard Tricot lui donne trois noms : Raymond Marcellin, ministre de l'Intérieur, René Capitant, ministre de la Justice, garde des Sceaux, et Maurice Couve de Murville, Premier ministre.
>
> – Et Pompidou ? demande le général.
>
> – Il est dans sa maison de Cajarc, répond Bernard Tricot.
>
> – Je vais réfléchir, j'en parlerai à Couve de Murville[16]. »

On doit encore à Michel Jobert la révélation qu'il advint de sa réflexion, pour l'avoir consignée dans ce même ouvrage. Après le conseil des ministres du 6 novembre, le Général convoqua dans son bureau les trois membres du Gouvernement que le haut fonctionnaire Tricot lui avait cités. Qu'en ressortit-il ?

16. Cité dans *Pompidou* de Louis Muron, Flammarion, 1993.

> « Qu'à l'issue de la réunion élyséenne, le Général ait conclu : "Il faut voir", ce qui valait instruction pour le Premier ministre, le ministre de l'Intérieur et le ministre de la Justice, René Capitant, que ces quelques mots désabusés ou dubitatifs aient été prononcés, pour Georges Pompidou, c'était tout un univers qui s'écroulait […]. »

Que la Justice suive son cours, avait donc tranché le Général. L'avocat, Me Ceccaldi, premier défenseur de Marcantoni, confia en privé que le chef de l'État se serait même laissé aller à dire : « Débarrassez-moi de cet individu. » Selon Marcantoni, il affirmait avoir la preuve de cette injonction assassine du Président à l'encontre de son ancien Premier ministre. Car l'individu en question était bien sûr Pompidou.

Pompidou n'oublia jamais l'affront infligé par le Général, qui ne lui avait jamais pardonné sa gestion des événements de Mai 68. Le 17 janvier 1969, à Rome, ce fut une déclaration de guerre qu'il lui lança par ces mots :

> « Ce n'est, je crois, un mystère pour personne que je serais candidat à la présidence de la République si le général de Gaulle se retirait. Mais je ne suis pas pressé. »

Par une étrange coïncidence de date, ce même 17 janvier 1969, François Marcantoni passait sa soirée avec quelques amis à Cannes, au Monseigneur, une boîte tenue par l'un de ses compatriotes, quand, soudain, deux hommes firent irruption et se dirigèrent droit vers la table qu'ils occupaient. Marcantoni les reconnut immédiatement comme appartenant à la police. L'homme avait du flair ! Conduit au commissariat central par les deux anges gardiens, « sur ordre », précisèrent-ils sans autre formalité, il apprit alors de la bouche d'un enquêteur qu'il allait lui falloir passer la nuit au bloc. Rien que ça ! Le lendemain, au petit matin, les deux grands flics de la Côte firent leur entrée en scène. Nouvelle coïncidence : le commissaire divisionnaire Mattei était Corse et son collègue était une vieille connaissance de Marcantoni. Pour cause, avant d'être promu dans le Sud, il se rendait souvent aux Calanques. Eh oui ! Aussi bien pour Marcantoni que pour le commissaire Denis, comme le monde était petit ! C'était lui qui, bien des années auparavant, l'avait interpellé tôt un matin, dans l'affaire de la banque de la rue d'Anjou donnée aux condés par Léon le Juif. Désireux de connaître le motif de cette arrestation précipitée, par ailleurs loin de Paris, Marcantoni dut se contenter d'une réponse laconique :

– François, tu vas certainement rester en prison quelques mois. Tu vas devoir nous suivre. Fais un effort, ce n'est qu'un mauvais moment à passer.

Le plus fort dans l'histoire, c'est que les policiers procédèrent à l'arrestation sans mandat d'amener du procureur. Le télégramme n'était pas encore arrivé !

L'essentiel était accompli. Il fallait livrer un coupable à l'opinion publique pour l'assassinat de Markovic. Tel le baudet de la fable de La Fontaine sur lequel on cria haro, ce fut sur lui, Marcantoni, que la Justice jeta son anathème. Un truand, quel coupable idéal ! Et il gagna la prison Saint-Pierre, à Versailles, sous une escorte militaire jamais déployée jusqu'alors et même par la suite. Quel déploiement de force et de protection pour celui que la presse ne désignait que sous son label de « truand » ! Un an plus tard, il retrouvait l'air libre. Un an pour rien d'embastillement, avec là encore un luxe de précautions inouï pour « sauvegarder sa vie », avancée par les enquêteurs comme mise en danger élevé. En vieux singe à qui on n'apprend pas à faire la grimace, Marcantoni ne se faisait guère prier pour raconter qu'« en règle avec le Milieu, s'il était mort empoisonné dans sa prison versaillaise, son décès n'aurait pu provenir que du milieu politique ».

Désireux de ne pas recueillir le témoignage seul de Marcantoni pour rédiger cette chronique de *L'Optimum*, je sollicitai plusieurs potentiels témoins. Joint par téléphone le 18 février 1997 pour évoquer un aspect de l'affaire Ben Barka, sur laquelle je travaillais, Jacques Foccart aborda fortuitement l'affaire Markovic. Pour ne l'avoir vécue qu'à la marge, il n'avait rien à dire de particulier. Malgré les années passées, il gardait un goût amer de cette « horrible histoire », pour la raison suivante :

> « Cette affaire a jeté un froid entre Georges Pompidou et moi, alors que nous étions très amis. Lorsqu'ont commencé de circuler son nom et celui de son épouse, une femme que cette machination pour barrer la route à son mari a détruite, il a pensé, à tort, que j'avais été mis au courant et que je ne lui en avais pas parlé. Ce qui, évidemment, n'était pas le cas. »

Sûrement par pure courtoisie, lorsque l'entretien fut terminé, il me dit qu'il aurait plaisir à me rencontrer, pourquoi pas à Luzarches, où sa villa Charlotte avait accueilli tout ce que l'Afrique comptait de personnalités.

– Vous verrez, c'est un petit musée. Il y a là tous mes souvenirs…

Le lundi 17 mars, on annonçait au JT de 13 heures la mort de Jacques Foccart, décédé à son domicile parisien. Une page de l'Afrique se tournait, de la France tout autant. Et de la France à fric !

Peut-être le commissaire Ottavioli, patron historique du 36, Quai des Orfèvres, décédé en 2017, en savait-il davantage ?

Le vendredi 18 décembre 1998, je fis la connaissance de ce policier mythique, dont le nom reste associé à l'affaire Ben Barka, au rapt de l'homme d'affaires italien Revelli-Beaumont, magnat du groupe Fiat, à celui du baron Empain, à la prise d'otages de l'ambassade d'Irak et… je ne saurais oublier un certain assassinat, celui du prince Jean de Broglie[17].

Il m'avait donné rendez-vous au numéro 1 de la rue Turbigo. C'est là qu'après avoir quitté la Préfecture de police, il avait monté sa société de sécurité privée, Securopen. Je l'avais sollicité pour une longue interview sur l'affaire Markovic, à laquelle il avait donné suite. Que retenir de cet entretien très long, enregistré ? En voici, synthétisé, l'essentiel :

« Je suis un marginal de l'affaire Markovic. Je n'ai pas été chargé de l'enquête concernant l'assassinat du Yougoslave. J'ai seulement été chargé d'enquêter sur un prétendu trafic de stupéfiants. Et puis, j'ai été chargé de certaines enquêtes concernant… on va dire, la galanterie (rires) !

Le corps de Markovic avait été découvert en Seine-et-Oise, du temps où la région parisienne n'était pas découpée comme aujourd'hui. Mais c'est la brigade criminelle qui a fait le rapport d'enquête final, ce qui, aujourd'hui, serait inconcevable. L'affaire, en effet, s'est continuée sur Versailles, mais en vertu de la confiance qui était accordée… ou qui ne l'était pas, à la 1re BM (brigade mobile, N.D.A.), on nous a refilé, à la Crim', le paquet (rires) !

---

17. À ce sujet, voir le livre de l'auteur : Christian Chatillon, *Contre-enquête sur l'affaire de Broglie*, L'Artilleur, 2015.

La Crim' ? Question de confiance. Il y avait aussi le fait que s'est greffée l'affaire Pompidou et je pense que Monsieur Pompidou n'a pas pu accepter ce qui était dit à son sujet et au sujet de sa femme, des bruits qui pouvaient provenir ou qu'il pouvait penser provenir des enquêteurs locaux.

Là, je suis obligé de dire par honnêteté et souci de vérité historique qu'à tous les niveaux, on n'a pas stoppé l'affaire Pompidou au moment où on pouvait le faire. Parce que cette affaire Pompidou devait s'arrêter sur le champ.

Delon a surtout eu affaire au juge Patard… S'il avait pu impliquer Delon et Marcantoni en même temps, c'était la gloire assurée ! Marcantoni ? De nombreux éléments permettaient de penser qu'il pouvait être à l'origine de l'assassinat du Yougoslave ou même en être l'auteur. Mais, s'il y avait des maillons, de temps en temps, la chaîne était coupée… et pour apporter la culpabilité d'un homme, il faut qu'on ait une chaîne qui parte de A et se termine à Z, ce qui n'était pas le cas. »

Fort de ces deux témoignages, je jugeai encore bon de solliciter une rencontre avec le juge Patard, dont je m'étais fait communiquer le numéro de téléphone. Il accéda à ma demande et me reçut très chaleureusement chez lui, à Marseille, boulevard Rodocanachi, en compagnie de son épouse, en début d'après-midi, le 20 mars 1999. En le quittant, je lui avais fait la promesse de garder pour moi certaines informations et autres témoignages qu'il m'avait livrés.

René Patard est décédé le 10 juillet 2017, à quatre-vingt-douze ans. Promesse tenue. Voici donc seulement deux ou trois extraits, expurgés de tout contenu propre à faire le buzz :

« ***Votre nom est resté attaché à l'affaire Markovic. Avec le recul des années, quels souvenirs en gardez-vous ?***

Les faits sont passés, en effet. Avec le temps, je n'ai gardé que quelques lointains souvenirs qu'il me serait impossible d'oublier. Pendant sept ans, cette affaire a excité la presse et l'opinion publique. Pensez ! Un acteur archi connu, Alain Delon, un truand notoirement connu lui aussi, François Marcantoni, et le nom de l'ancien Premier ministre jetés en pâture. Tous les scénarics les plus fous n'auraient pu prévoir pareille intrigue.

Ces scénarios ont pourtant figuré dans la presse... et ils n'ont donné lieu à aucun film ! Étrange !

Probablement parce qu'on n'a pas trouvé le bon réalisateur ! Ou parce que certains ne voyaient pas d'un bon œil le film qui pourrait être tiré de l'intrigue... ou ne le voyaient que trop !

On a beaucoup dit, écrit, que le garde des Sceaux, René Capitant, gaulliste de gauche et farouchement hostile à Monsieur Pompidou, avait joué un rôle clé. Vrai ? Faux ? Un peu des deux ?

J'étais sous pression constante, en effet. Un juge particulièrement surveillé, si vous me passez l'expression. Je n'en dirai pas davantage. Ou je me permettrai d'ajouter une chose : Maître Isorni, avocat réputé et connu pour son antigaullisme, chargé des intérêts de Marcantoni, m'avait glissé un jour dans le creux de l'oreille que mon ministre avait employé le terme de "jouisseur" pour qualifier son ancien chef de gouvernement devenu président de la République après le départ un peu contraint et forcé du Général.

Vous-même, à ce qu'il m'a été rapporté, auriez eu droit à cette remarque de Jacques Chaban-Delmas : "Le juge Patard, un méchant con !"

Je vous le confirme. Croyez-moi, lorsque cette affaire m'est tombée sur le dos, je n'y étais pas préparé, puisque de permanence ce jour-là. J'ai porté ce fardeau jusqu'à ma "promotion", en fait un enterrement de première classe pour que la politique prenne le pas sur la justice.

Comment ça ? Elle ne serait pas indépendante ?

Dans les termes, oui. Dans les faits… ! »

Chapitre 27

Interlude

Des centaines, voire des milliers d'auditions, de confrontations, d'expertises ont été déployées dans la mort de cet individu, Stevan Markovic, qui ne valait à la vérité pas cher : escroc, parasite, maître chanteur, indicateur de police, tricheur patenté aux cartes, playboy d'opérette devenu jaloux de son bienfaiteur, Alain Delon, au point de lui piquer sa femme Nathalie... Bref, un minable qui, serait-on tenté d'écrire, n'a eu que la fin, sinon qu'il méritait, car aucune mort ne se mérite, du moins celle avec laquelle il avait joué, poussant le bouchon bien trop loin. À trop jouer avec le feu, il arrive qu'on s'y brûle !

Voici d'ailleurs le portrait sans fard qu'en brossa le procureur général Bezio, au terme d'un réquisitoire de 275 pages sur toute l'affaire, en date du 23 juin 1975 :

> « Un personnage paresseux, répugnant au travail, tricheur et sans ressources avouables, partageant son temps entre l'oisiveté de l'avenue de Messine, de louches et sordides transactions, des liaisons féminines fort nombreuses, des cercles de jeux, les champs de courses et les cabarets. »

Un p'tit gars bien sous tous rapports, en clair ! N'était-il pas, en sus, impliqué dans un trafic de drogue avec d'autres Yougoslaves, quelques jours avant sa punition, ainsi que le révéla Delon lui-même aux enquêteurs et au juge ? Il est à parier gros que sans les noms cités au grand jour d'Alain Delon, de Madame Pompidou et de Marcantoni, l'« Affaire Markovic » n'aurait jamais vu le jour, rapidement conclue en « crime non élucidé » pour celles et ceux de l'ancien monde, en *cold case* pour les adeptes du nouveau. Car, bien sûr, les médias profitèrent de l'aubaine pour l'exploiter au maximum et faire leurs choux gras du feuilleton qui leur était servi quotidiennement par des fuites opportunes. Nous étions dans les années 1970.

Qu'en aurait-il été aujourd'hui, à l'ère d'Internet et des réseaux sociaux ? Un scénario inouï s'écrivait au fil des semaines, des mois, des années, du pain béni pour la sphère médiatique. Il suffit de compulser les journaux de l'époque pour se convaincre qu'en remettre une couche lui permettait d'augmenter en forte proportion ses tirages. Prenons, par exemple, la Une d'*Ici Paris* du 21 au 27 janvier 1969, sur laquelle un très gros titre se détache, accrocheur à souhait : « Marcantoni, le dur parle des Delon ! », suivi du sous-titre : « Un document EXPLOSIF ». Il est à penser que cet appel du pied au lecteur n'avait rien de totalement innocent.

Cette fascination du public peut aussi expliquer la moyenne réussite commerciale d'un livre écrit par l'ex-Première dame, Claude Pompidou, dans lequel on ne trouve pas un mot, ou presque, sur l'affaire Markovic. De quoi laisser sur leur faim celles et ceux qui guettaient une opportunité d'avoir quelque chose de croustillant à se mettre sous la dent, avec certaines arrière-pensées sur un contenu présupposé légèrement graveleux. Ceux-là en eurent pour leurs frais ! Claude Pompidou se contentait de régler ses comptes, en quelques phrases :

> « À travers moi, c'est mon mari qu'on cherchait à atteindre. Cette affaire a empoisonné toute notre vie pendant des mois. Elle me reste encore sur le cœur[18]. »

18. Claude Pompidou, *L'Élan du cœur*, Plon, 1997.

Pour sa part, l'historien Éric Roussel, auteur de plusieurs ouvrages sur des politiciens de premier plan, dont deux sur Georges Pompidou, a relaté une confidence que lui fit un jour l'ancien ministre Pierre Mazeaud, à l'époque seulement député. Elle est rapportée par Louis Muron dans son *Pompidou* :

> « Je l'accompagnais (Georges Pompidou, N.D.A.) dans sa voiture. Nous allions à une réunion à Antony. Il venait d'apprendre que certains avaient remis sur le tapis cette affaire. Devant moi, il pleurait. Il m'a pris la main. Je n'ai rien dit. Au bout d'un certain temps, il a simplement ajouté : "Ce qu'ils me font est ignoble. Je ne pensais jamais que l'on s'en prendrait à ma vie privée." »

Autres temps, autres mœurs ! Depuis, cinquante-trois ans se sont écoulés. Sous le pont Mirabeau coule toujours la Seine !

Chapitre 28

La rancœur

Un torrent de boue, de vase nauséabonde, a ainsi été déversé au cours des soixante-dix mille cotes d'un dossier qu'a refermé le procureur Bezio sur un non-lieu, en 1976. Il avait succédé à son collègue Lajaunie, promu, comme le juge Patard, auquel avait succédé le juge Ferré, en conséquence du duel judiciaire entre le procureur et le juge, chacun ayant une vision du même dossier diamétralement opposée, aussi surprenant que cela puisse paraître.

Marcantoni a fait l'objet de pressions de toutes sortes, parfois hors procès-verbal, de la part de policiers et du juge Patard venant l'auditionner en toute illégalité dans sa cellule à Versailles, sans greffier, à des heures tardives. D'autres procès-verbaux, dûment établis, ont disparu de la procédure. Fidèle à lui-même, à ses engagements de jeunesse, à ses racines insulaires, à sa conception de l'honneur, le vrai, il a tenu.

– Que voulez-vous, je suis Corse. J'ai été résistant. J'ai fermé ma gueule sous la torture. Ce n'étaient quand même pas des poulets et les magistrats qui allaient me faire renier ma parole !

Certes. Si la mort horrible de Markovic ne doit en aucun cas être occultée, force est de reconnaître que Marcantoni fut une victime collatérale. Sa stature d'ex-truand labellisé suffit à lui faire payer certaines occasions où, faute de preuves suffisantes, la police avait fait chou blanc !

La haine, il l'avait gardée en lui. Que de fois, auprès de ceux qui l'entouraient ou en ma présence seule, il a laissé exploser sa rancœur :

– Je suis quand même le seul dans cette histoire à avoir fait un an de prison. Et quand j'ai enfin, après sept années de procédure, obtenu mon non-lieu, qu'est-ce que la presse, certains ouvrages désireux de faire du fric ont mis en avant ? Mon passé de truand, que je n'ai jamais cherché à dissimuler ! Oui, j'ai eu la haine. Parce qu'on a joué de mon passé pour me faire porter un borsalino qui dépassait largement les contours de ma tête ! Si j'avais répondu à certaines questions qui m'étaient plus que suggérées, du style : « Les Pompidou ont une maison de campagne à Orvilliers. Vous-même, vous en avez une à Goussainville. Elles sont toutes les deux proches d'Élancourt… », sous-entendu : « Madame Pompidou a pu vous téléphoner », etc., je n'aurais pas moisi un an en taule ! Bref, du grand n'importe quoi ! Je me suis réjoui qu'Alain Delon ait pu bénéficier d'une publicité accrue du fait que cinquante journalistes se pressaient sur le parvis du palais de justice de Versailles pour le flasher. Mais j'ai pu constater qu'il y avait tout de même un peu deux poids, deux mesures. Car dans les trois lettres que Markovic avait laissées, d'ailleurs indéchiffrables même avec la traduction, Delon était mentionné lui aussi. Or, peut-être parce qu'il était une star, lui a été épargné. Tant mieux. Alain a eu, par ailleurs, une attitude corse. Tout comme moi, il a résisté à des pressions. Un ou deux exemples ? Le procureur Lajaunie lui a fait, un jour, une proposition pour le moins étrange. En l'absence de toute consignation sur procès-verbal, je vous donne l'exacte phrase qu'il lui a tenue : « Monsieur Delon, nous ne sommes que tous les deux. Je vous promets qu'on ne vous ennuiera plus, mais dites-nous simplement que vous avez demandé à Marcantoni de surveiller Markovic ! » Une autre fois, deux commissaires sur les quatre qui conduisaient l'enquête sont venus le trouver à Aix-en-Provence, où il s'était fixé, voulant fuir Paris. Il avait pris soin de demander à un ami d'être présent, pour assister, en témoin, à la discussion. Or, ces deux policiers, Bardon et Samson, n'étaient venus à lui que pour lui faire cracher : « Dites-nous pour Marcantoni, nous nous chargeons du reste et vous n'entendrez plus parler de nous. D'ailleurs, nous ne nous sommes jamais vus ! C'est pas beau, ça ? Donnez-nous Marcantoni et on vous fout la paix ! » Alain ne mange pas de ce pain-là. Sa seule réponse a été : « Marcantoni est mon ami, il le reste. » Et il a fait ce qui correspond à son caractère, à sa personnalité : il les a foutus dehors.

Chapitre 29

Marcantoni et Delon : « Je t'aime… moi non plus ! »

En amont de l'interview de François Marcantoni pour la rubrique « Boulevard du crime », j'avais lu deux ouvrages sortis sous son nom : *La Conjuration*, déjà cité, et *Mais qui a tué Markovic ?* (Pierre-Marcel Favre, 1985). J'avais compulsé également quelques anciennes interviews d'Alain Delon parues dans divers journaux et magazines.

Deux ou trois d'entre elles se situaient pendant cette période de sept ans, du point de départ de l'affaire jusqu'à sa conclusion, en l'occurrence la décision de non-lieu. Si l'acteur affichait clairement une amitié indéfectible envers le Corse, certaines phrases de celui-ci, relevées ici et là, apparaissaient comme plus nuancées. Que penser de ce propos, suffisamment sibyllin pour prêter le flanc à une interrogation :

> « Quant à Delon, il fallait comprendre le préjudice que ça lui causait. Je ne sais pas comment il s'est reconverti. Je le vois moins souvent qu'autrefois, mais il n'y a rien de changé entre nous. Il a son métier. Moi, j'aime bien ma tranquillité. »

Ou cet autre propos tenu dans le numéro de décembre 1976 du magazine de charme *Absolu*, nettement plus tranché, en réponse à la question posée sans ambages par une ancienne journaliste phare de *Paris Match*, Florence Mothe :

« *Vous êtes toujours l'ami d'Alain Delon ?*

Ami, c'est beaucoup dire. Tous ses ennuis ont disparu, comme par enchantement, lorsqu'il a offert aux Compagnons de la Libération l'Appel du 18 juin 1940[19]. Il a beaucoup moins souffert que moi de l'affaire Markovic, puisqu'il n'a jamais cessé de tourner des films pendant que j'étais en prison.

"Delon a raté de peu une très belle carrière de truand." Que pensez-vous de ce jugement ?

Qu'il est passé très loin d'une belle carrière de truand parce qu'il manque d'envergure. L'affaire Markovic lui a servi de répétition générale pour préparer ses rôles de truand. Et, même au cinéma, il a rapidement retourné sa veste, puisqu'il a incarné un flic dans le film de J.-P. Melville. Il continue sur cette voie, puisqu'il tourne des scénarios tirés des livres de l'inspecteur Borniche, auquel je l'ai d'ailleurs présenté, ce dont il ne se vante pas. »

Bien sûr, ces propos s'inscrivaient, pour ainsi dire, « à chaud », dans les années qui avaient suivi son non-lieu. Sans doute fallait-il voir là un sentiment bien naturel d'une certaine injustice. Alors qu'ils étaient tous deux désignés par Markovic comme coresponsables de sa mort si celle-ci devait survenir, lui seul avait trinqué !

Alors, en 1999, soit plus de vingt ans après les événements, ses jugements sur Delon avaient-ils évolué, après que le temps avait fait son œuvre d'oubli ? Voici ses réponses pour *L'Optimum :*

---

19. Le manuscrit de l'Appel du 18 juin du général de Gaulle devait être mis en vente par le possesseur du document, le réalisateur André Bernheim. Prévenu de cette vente, Delon sollicita un ami pour s'en porter acquéreur. Il l'obtint pour une somme avoisinant les 50 000 euros de nos jours. Dans les jours qui suivirent, il en fit don au musée de l'Ordre de la Libération.

« ***De quel type étaient vos rapports avec Alain Delon ? Comment ont-ils évolué, l'affaire Markovic close ?***

J'ai connu Alain à Toulon, chez mon frère Charles qui tenait un bar à côté de l'Arsenal, *Le Marsouin. Il n'était pas acteur, mais matelot. Ce devait être en 1953 ou 1954. Il revenait d'Indochine et se rendait régulièrement au bar de mon frère. Voilà la naissance de notre amitié. Qu'ensuite, au cours de l'affaire Markovic, Alain se soit mis à faire cavalier seul, que j'aie pu même déclarer à certains de vos confrères que son attitude ne fut pas au-dessus de tout soupçon, ça, j'en fais mon affaire !*

Vous êtes allé jusqu'à parler de sa "faiblesse de caractère" !

Delon n'est pas quelqu'un que l'on contrôle. Ses réactions, tant en amitié que dans d'autres domaines, sont assez inattendues. C'est un caractériel. Par ailleurs, il a des qualités de cœur certaines. Ce n'est nullement une personne qui cherche à nuire ou à se venger. Je n'ai jamais eu de reproches à adresser à Alain, je suis toujours resté en bons termes avec lui.

Delon paie tout ou partie de votre caution, et vous vous déclarez déçu de lui, même après votre non-lieu. Quelque chose a de quoi échapper !

Déçu, c'est beaucoup dire. Peut-être qu'à l'époque, un de vos confrères a-t-il mal interprété mon propos. Jamais je n'en ai voulu à Alain. Après l'affaire Markovic, même si le torchon n'a jamais brûlé entre nous, j'ai arrêté de le voir, parce qu'il prenait un chemin que je désavouais. Il nouait des contacts avec des gens qui ne m'intéressaient pas, ses fréquentations étaient mal venues. »

Il était revenu sur cette dernière phrase, en deux ou trois occasions. Sans s'y étendre, il reprochait à la star une certaine inconséquence dans les liens qu'il avait noués avec des gens du Milieu, infréquentables aux yeux de Marcantoni, ce qu'il considérait comme une « faiblesse de caractère », consignée dans ce commentaire, brut de décoffrage :

« En passant de Mémé Guerini à Gaëtan Zampa, vous pénétrez au cœur de cette faiblesse-là. Bien sûr qu'au départ, il a été piégé. Mais il a ensuite manqué de courage pour s'en sortir… Orgueil de ma part ? Je pestais de ne lui voir tenir aucun compte des conseils que je lui prodiguais, moi qui connaissais parfaitement le Milieu et, de ce fait, de susciter des rencontres avec des individus qu'il aurait mieux fait de ne jamais contacter […], mais c'était plus fort que lui, il voulait qu'untel ou untel lui soit présenté. […] Lorsque, dans les années 1970, il est devenu propriétaire de chevaux de course, sans doute s'est-il trouvé dans des mains qui lui ont un peu fait "la poussette" ! Ces travers que je stigmatisais alors, le temps a fait son œuvre. Il a surmonté les obstacles, a réussi une carrière cinématographique exemplaire qu'il sera bien difficile d'égaler, encore plus de surpasser. Chapeau, l'artiste[20] ! »

20. Propos enregistrés le 28 mars 2001.

Dans la préface de l'ouvrage *François Marcantoni, un homme d'honneur* (Balland, 2001), Alain Delon, qui s'était proposé de la rédiger, écrit pour sa part :

« Sans remonter à l'époque où nous nous étions croisés, à Toulon, dans le bar de votre frère Charlie… je préfère me rappeler du véritable début de notre amitié, à Paris, quand vous êtes venu me voir au théâtre, où je jouais avec Romy […].

Cela fait exactement quarante ans ! Quarante ans d'une amitié dans l'insouciance d'une époque où tout était permis, et qui fut soumise parfois à rude épreuve. Mais contrairement à d'autres amitiés, même si parfois nos routes se sont écartées, la nôtre ne s'est jamais démentie et a toujours rimé avec fidélité […].

Qui est donc François Marcantoni ? […] Vous êtes un homme d'honneur, et votre honneur à vous s'appelle, lui aussi, la fidélité. »

Chapitre 30

Ceci explique cela

De Delon, on peut dire, on peut penser, on peut écrire, en effet, bien des choses. D'aucuns rejettent le personnage, d'autres l'admirent, l'encensent. Rares sont ceux qu'il laisse indifférents. Marcantoni m'avait raconté une anecdote qu'il tenait du « cousin », appellation chez lui bien plus fréquente que celle d'« Alain » ou de « Delon ». Elle définit plutôt bien la personnalité de l'acteur.

C'était pendant le tournage d'un film culte, *Le Samouraï*, de Melville. Delon devait immortaliser le personnage de Jeff Costello, sorte de loup solitaire que seule distrait la compagnie d'un oiseau. « Il y a beaucoup, à travers ce héros de film, de Delon lui-même… et de moi : notre rapport aux animaux nous a souvent, je crois, apporté plus de satisfaction que celui entretenu avec les humains ! » soulignait François dans sa narration introductive. Une réflexion récurrente qui lui était chère.

Le réalisateur à l'éternel Stetson vissé sur le crâne avait commencé le tournage, quand se déclara un incendie. C'était en pleine nuit. Les flammes se propagèrent à vitesse grand V, embrasant les studios.

« Averti, Delon accourut. Mais trop tard, tout avait brûlé. Melville regardait les pompiers s'affairer à combattre ce qu'il restait de ses studios, c'est-à-dire rien, en peignoir, pantoufles aux pieds. En moins de temps qu'il n'en faut pour le dire, c'était toute sa vie qui était partie en fumée. Atterré, Delon m'avait alors dit que, ce qu'il n'oublierait jamais, c'était la peine de

> Melville venu lui dire, des sanglots dans la voix, qu'on n'avait pas pu sauver l'oiseau. Il pleurait. »

Si Marcantoni avait de temps à autre des mots durs, voire très durs, à l'endroit de son « cousin », il pouvait aussi, quelques jours plus tard, se répandre en des mots qui revêtaient une forme de tendresse paternelle. Il me fallut replonger dans la lecture de l'un de ses livres d'antan, revenir sur un point bien précis, pour comprendre la raison de la rancœur de l'un et de l'éloignement de l'autre.

Elle se situe dans le droit fil de l'affaire Markovic. Le juge Ferré avait succédé à son collègue Patard. Le 25 octobre 1974, un renseignement d'importance lui parvint par téléphone, anonymement. Un Yougoslave du nom de Milos Milosevic, dit « Misha », évanoui dans la nature car se sachant recherché par la police pour un énième méfait, venait d'être aperçu dans Paris. Individu peu recommandable et ami du défunt, il avait à trois reprises été interrogé par les enquêteurs, avait donné quelques précisions qu'il tenait d'un autre compatriote, Uros Milicevic. Ce dernier était un témoin essentiel dans l'affaire, puisqu'il était le dernier à avoir vu, le 22 septembre 1968, à la tombée du soir, son ami Stevan monter à bord d'un taxi où se tenait, assis à l'arrière, un homme en qui il avait cru reconnaître… François Marcantoni.

Plusieurs fois auditionné, le jeune homme s'était ensuite rétracté, tout en disant au cours d'un nouvel interrogatoire que Marcantoni l'avait menacé avec une arme et lui avait intimé l'ordre de ne plus s'« occuper de l'affaire ». Menaces réelles ou pure invention, toujours est-il qu'il avait mis de la distance entre lui et les enquêteurs, s'exilant à Belgrade. De la même façon que ce Georges Markovic, qui avait parlé à Delon de la « balle dans la tête » au téléphone en présence des deux inspecteurs présents à la Capilla, Uros fit cette même remarque à un journaliste de *Détective* venu recueillir son témoignage. La seconde autopsie qui allait révéler cette mort par balle n'avait pas encore été effectuée ! « Bizarre, bizarre, vous avez dit bizarre… comme c'est bizarre ! » s'exclamait Louis Jouvet dans *Drôle de drame*, de Marcel Carné.

Fort de l'information qui venait de lui être fournie sur la présence dans la capitale du susnommé « Misha », le magistrat en informa immédiatement le commissaire Bardon, commission rogatoire à l'appui. L'affaire, comme par magie mise en sommeil pendant la présidence de Georges Pompidou, se réactivait soudainement de plus belle, ce dernier s'étant éteint dans la soirée du 2 avril 1974. Assurément pas un hasard, au moment même où l'instruction paraissait, après six années, toucher à sa fin !

Peu de jours après l'audition de ce témoin réapparu, qui eut lieu le 5 novembre, le même Ferré s'entretint avec Delon. Celui-ci lui avait parlé, le 26 septembre, au cours d'une audition, de carnets qu'il possédait, remplis de noms à même de l'intéresser. Le magistrat le sollicita donc pour qu'il les lui remît, en parfaite illégalité, puisqu'il « omit » de joindre au dossier le PV d'audition ! Lors de cette nouvelle audition de novembre 1974, trois carnets noirs passèrent de l'acteur au magistrat, en toute discrétion. Une pièce capitale et déterminante pouvait à présent entrer dans la procédure.

Une question reste sans réponse : comment se fait-il que lesdits carnets n'aient jamais été trouvés par les enquêteurs au cours de diverses perquisitions ? N'avaient-ils pas mis la main sur les cartes de visites libellées « François Marc Antony » ? Mais ça, c'était avant le décès du président !

Parole avait été évidemment donnée qu'en aucune façon ces précieux éléments du dossier ne fuiteraient. Quelle ne fut pas la fureur de l'acteur lorsque leur contenu fut dévoilé par *Le Canard enchaîné* dans un très long article du 3 septembre 1975 intitulé : « L'affaire Markovic », avec pour sous-titre, « Comment s'en débarrasser ». On y apprenait tout bonnement que « ce qui enquiquine au plus haut point Château-Chirac et compagnie, c'est que le nom des Pompidou figure très souvent sur les carnets de rendez-vous d'Alain Delon ». Ou encore que « durant les semaines qui précédèrent l'assassinat de Markovic, Delon avait invité plusieurs fois Pompidou ainsi que Nathalie, son ex-épouse, à passer des ouiquendes (*sic*) à Saint-Tropez. » Du travail de pro de l'informateur devenu au fil des années le Journal Officiel du palmipède, après qu'un journaliste qu'il avait tiré d'un mauvais pas l'avait remercié de la meilleure manière qui fût en l'introduisant au sein du journal satirique. On le retrouvera aux premières loges de l'affaire des diamants de Bokassa en 1979, destinée à couler un « vieil ami », Valéry Giscard d'Estaing, puis de l'affaire de Broglie, dans sa phase dernière, l'instruction close. Ah ! La politique, son univers impitoyable !

Un article pour le moins fâcheux et embarrassant pour l'acteur, le président décédé. Que confiait Pompidou, le 22 novembre 1968, à Raymond Tournoux, journaliste parlementaire et réputé homme de plume, proche du général de Gaulle ?

> « Je ne suis jamais allé dîner chez Alain et Nathalie Delon. Dans la vie de Paris, cela aurait pu arriver. Ce n'est pas le cas. J'ai vu Delon à Louveciennes, chez Pierre Lazareff, chez les Rothschild, à une réception du Général à l'Élysée. À Saint-Tropez, ma femme n'a jamais voulu aller chez lui[21]. »

Le 4 mars 1969, soit un peu plus d'un an après cette confidence faite à Tournoux, son ami Georges Suffert, grand manitou du *Point*, lui posait lui aussi hardiment la question.

21. Cité dans Louis Muron, *op. cit.*

« ***Connaissez-vous Delon ?***

Je crois bien l'avoir rencontré une fois chez Lazareff ; il devait bien y avoir 500 personnes. J'ai dû lui serrer la main. Et j'ai failli le connaître mieux. Il m'a invité une fois à dîner à Saint-Tropez. Ma femme et moi avions accepté. Au dernier moment, je crois bien que ma femme a eu mal à la tête. Et nous nous sommes décommandés. Imaginez un peu ce que l'on dirait maintenant si j'étais allé à ce dîner[22]. »

Une perte de mémoire à mettre assurément sur le compte de la maladie !

La fureur de Delon déclencha par contrecoup celle de Marcantoni, qui me raconta, lors d'un entretien, le 8 février 2000 :

– J'ai pris cet acte d'Alain comme un coup de poignard dans le dos. C'est vrai, je me suis senti trahi. Toujours, lorsqu'il était convoqué à un interrogatoire pour l'instruction, il m'en informait. Cette fois-là, il se garda bien de me mettre au courant de sa démarche. Vous pourrez vérifier ce que je vous dis, car c'est la pure vérité. Je crois même que je l'ai mentionné dans l'un de mes livres sortis après l'affaire.

Il avait bonne mémoire. Noir sur blanc, dans son ouvrage de 1985, *Mais qui a tué Markovic ?*, on peut lire, page 214 :

« Je compris qu'à dater de ce jour, Delon faisait cavalier seul et, compte tenu de la faiblesse de caractère que je lui connais, avec de solides protections. »

---

22. Article du n° 158, daté du 29 septembre 1975.

Chapitre 31

L'insoumis samouraï

Sans doute est-il bon de le rappeler : les propos consignés dans cet ouvrage portent la date de 1985. Dans les années 2000, le temps, l'âge aussi, avaient apaisé l'esprit. Et puis, sachant faire la part des choses, plus d'une fois, évoquant Alain Delon, Monsieur François soulignait sa fidélité exemplaire envers ceux qui l'« avaient fait », à l'instar de René Clément, « à qui Alain vouait un véritable culte, lui qui avait lancé sa carrière avec *Plein Soleil* ».

Même ce côté « caractériel et souvent lunatique » qui fait qu'« on ne contrôle pas Monsieur Delon », Marcantoni le nuançait, le tempérait du fait que « le cousin » avait eu une enfance, une adolescence « difficiles, balloté entre Madame Boulogne et la pension. Il lui a fallu se construire seul ; pas facile pour un môme qui a une sensibilité à fleur de peau. De plus, il a d'indéniables qualités de cœur, c'est certain. Ce n'est nullement une personne qui cherche à nuire ou à se venger ».

Souvent, au risque de provoquer la surprise de son auditoire, il faisait valoir qu'« Alain cachait derrière une dureté qu'il ne cachait pas une très forte sensibilité, qu'il cherchait précisément à cacher, elle ». Et de préciser : « Je peux le comprendre. Il a été livré à lui-même trop tôt pour affronter la vie autrement que par ce qu'elle offre aux déshérités : la hargne. »

Ces propos me rappelaient ceux du Centaure Tony, chez le docteur Zunino quand, sous l'effet des vapeurs d'alcool de la soirée, le « vous » protocolaire du départ avait cédé la place au « tu » convivial :

> « Toi, tu écris sur les voyous. Mais tu n'en as jamais été un ! Eux, les vrais, auront toujours un avantage

sur toi, car eux sont allés à l'école de la rue, là où tu apprends à te battre pour exister. »

Des propos pleins de bon sens. Et l'homme n'en manque pas !

Dans le fond, sa famille, c'est à l'armée, comme engagé en Indochine, alors âgé de dix-sept ans, que Delon la trouva. Il ne s'en est pas caché. Dans une remarquable interview accordée à Karl Zéro, un entretien rare d'octobre 2000 pour un magazine défunt, la star s'est confessée avec une rare franchise qui force le respect. Extraits :

« Mes amitiés dans le Milieu, dès 1969, je m'en suis expliqué. Ça s'est trouvé comme ça, je ne les ai jamais cachées. C'est mon privilège de choisir mes amis. J'ai eu de grands amis voyous, qui ne sont plus là d'ailleurs, j'ai eu de grands amis flics aussi, ce qui n'est pas incompatible. C'est mon choix. C'est mon culte de l'amitié. »

« Je suis devenu très lié, plus tard, avec François [Marcantoni]. De la même façon que, quand j'ai tourné, en 1964, à Marseille, *L'Insoumis*, j'ai failli me péter la jambe, je suis tombé dans un égout. On croyait que j'étais fracassé de part et d'autre, mais la seule personne qui immédiatement m'a fait envoyer une ambulance pour me ramener à l'hôpital, c'est Mémé Guerini. Ce n'est pas moi qui l'ai demandé, ça s'est trouvé comme ça. J'ai remercié cette personne, on est devenus amis, et voilà. Alors, après, on a dit : "Tiens, tiens, Delon est un ami à Mémé Guerini." Et alors ? Oui. J'étais un ami de Pellegrini aussi, l'ancien patron de l'OCRB (Office central de répression du banditisme, N.D.A.), et je le suis toujours. »

Concluons par ce passage, révélateur du Delon à la fidélité absolue envers ceux qu'il s'est choisis pour amis, mais aussi du Delon qui a puisé dans une vie qui s'annonçait difficile la force intérieure de se la rendre belle, sans illusion pour autant.

« J'en ai, des amis en taule. Ça n'empêche pas les souvenirs qu'on a pu avoir ensemble. Après, s'il y en a un qui a viré comme ci, un autre comme ça… je ne ferme pas la porte pour autant, je n'ai pas cette mentalité-là. J'insiste sur le mot, "mentalité". Il a disparu de la langue française depuis vingt-cinq ans […] Demain, un mec se casse la gueule pour une connerie, ne pas dire : "Je ne le connais pas, celui-là." Il a été mon ami, il est mon ami, il a fait une connerie, on va s'occuper de sa connerie. »

« Je suis un enfant terrible, parce que j'ai été un enfant terriblement malheureux. J'ai toujours su rester un enfant. J'ai jamais grandi… Je suis un enfant qui est resté un enfant et qui a joué à l'homme au cinéma. Et j'ai joué toute ma vie à être Delon. Tout est une vaste comédie, tout le monde joue, quel que soit son métier, et moi, je joue à être Delon et je le sais, quand je me retrouve tout seul, le matin […]. J'ai joué à l'être factice dans ma vie, mais ce n'est pas pour ça que je le suis. Ce n'était pas factice, d'ailleurs. C'était juste pour donner l'image qu'on attend de moi. »

Quelle lucidité ! Combien d'autres, dupés, se laissent prendre au piège de la notoriété !

Chapitre 32

Un cadeau qui n'a pas de prix

De 1999 à 2010, il ne s'est guère passé de semaines sans que Monsieur François et moi nous voyions, soit en tête-à-tête, soit entouré de son cercle d'amis qui, au fil du temps, au gré des infortunes de la vie, s'égrena. Ces rencontres étaient toujours des moments privilégiés. Si, dans les débuts, la plupart se passaient non loin de son domicile, porte Maillot, elles devinrent plus nombreuses chez lui, au fur et à mesure qu'il avançait dans l'âge.

En de nombreuses fois, il m'est aussi arrivé de lui rendre visite un dimanche dans sa maison de campagne à Goussainville, à son invitation. Dans le grand hall d'entrée trônait une photo de son ami le comédien André Pousse, celui qu'il désignait dans les médias sous ce trait d'humour : « Pousse, une vraie gueule de mandat d'arrêt ! » Il était représenté un pétard dans la main gauche braqué sur le visiteur, avec cette légende au-dessus : « Ici, le premier des services, c'est l'accueil. » Dans ce qui tenait lieu de salon, partout accroché aux murs ou posé sur des meubles, des photos de ses amis, toutes chaleureusement dédicacées, ici Jean Marais, là Belmondo. Une, même, près de la cheminée, le montrait à un salon du livre à Paris en discussion avec le prince Michel Poniatowski, ministre de l'Intérieur et porte-flingue de Giscard.

ICI
LE PREMIER
DES SERVICES
C'EST
L'ACCUEIL.
Le commerce c'est la vie de la cité.
CHAMBRE DE COMMERCE ET D'INDUSTRIE DE PARIS.

Au milieu d'un désordre indescriptible, le rare visiteur distinguait un billard, masqué par une multitude de papiers divers, de tickets de PMU datant de Mathusalem, de vieux journaux. Il lui avait été offert par Delon. Là, confortablement installé dans un fauteuil après avoir bu un café dans la vieille cuisine laissée dans son jus, un magnifique berger allemand à ses pieds, tirant sur son barreau de chaise, vêtu à l'inverse de ce que Eddie Vartan, le frère de Sylvie, l'avait surnommé, « l'Élégant », siégeait Marcantoni.

Le 21 octobre 2001, j'avais préparé un papier que j'avais titré, subitement inspiré par un certain Jean de La Fontaine : « Marcantoni, le rat des villes et le rat des champs ». Il me semblait coller, refléter ce que je connaissais du bonhomme, hors son côté cabot « m'as-tu vu ». En voici quelques extraits :

« Borsalino qui recouvre une calvitie partielle, costume croisé griffé André Bardot, "une raie oui une raie non", le Montecristo coincé à l'extrémité de la lippe, toujours côté gauche, "moi, l'homme de droite !", François Marcantoni dégage une autorité naturelle qu'il ne viendrait à personne l'idée de lui contester. Le verbe volontiers haut, le tapotement des doigts sur un coin de table quand la conversation des uns ou des autres l'importune, le "je vais vous dire" qui force le silence autour de sa personne, tant l'inflexion de la voix a pris de l'ampleur et ne souffre une quelconque remarque, autant de signes qui ne sauraient tromper. »

« Pour les besoins d'un reportage, j'ai eu à rencontrer nombre de personnes qui avaient eu affaire à lui, dans le cadre de l'affaire Markovic, "son" affaire. Parmi ces personnalités consultées, aussi différentes que le juge Patard, l'ancien patron de la Crim', le commissaire

Ottavioli, ou encore le défenseur du frère de Markovic, Roland Dumas, pas une n'a eu un mot de rancœur, voire de rancune, à son endroit. Mieux, toutes ont salué la sympathie qui émanait du personnage… et l'humour dont il ne se départait en aucune circonstance. »

« J'ai encore intacte à la mémoire cette anecdote de Roland Dumas : "Nous avions eu, dans le bureau du juge Ferré, qui avait succédé à Patard, des échanges verbaux plutôt vifs. Un jour, Ferré voulait connaître le nom d'une jeune femme dont Marcantoni persistait à masquer l'identité. Énervé, le juge monte le ton, sommant notre homme de lui décliner ce nom. C'est alors que Marcantoni se tourne vers moi. Et là, droit dans les yeux, il confesse : 'C'est une très belle femme, Monsieur le juge, vraiment très jolie… tout à fait comme celle que vous aimez !' J'ai toussoté pour ne pas éclater de rire et il m'a fallu dix bonnes minutes pour retrouver mon sérieux." »

« Voilà pour le rat des villes, honoré, courtisé, volontiers cabotin, qui aime parfois à en rajouter dans le personnage qu'il s'est créé et dans lequel on l'a assurément conforté. Reste l'autre François Marcantoni, l'homme secret, le solitaire de Goussainville, le papy discret qui, chaque dimanche, quel que soit le temps, descend avec la vieille Mercedes qui affiche ses deux cent mille passés au compteur, mais ronronne comme un chat qu'on caresse, à *La Paroisse*, le café PMU de Houdan. Là, tous les anciens le connaissent, le saluent. Un mot pour l'un, un mot pour l'autre, puis son tiercé fait, "[son] devoir accompli",

il s'en repart trouver sa basse-cour, son fidèle et superbe berger allemand, le seul qui lui reste, qui lui fait fête sitôt la clé tournée dans la porte de l'imposante bâtisse [...].
À l'étage, la chambre du maître des lieux. À son image. La vraie. Celle que très peu, à l'exception d'un infime noyau dur d'intimes, connaissent. Marcantoni est un être pudique, sensible, qui intériorise ses sentiments. »

Oui, dans cette propriété de Goussainville où, avant de parvenir au seuil de la bâtisse typiquement normande, il fallait traverser un jardin où s'ébrouaient quelques poules, coqs et canards, ce Marcantoni-là tranchait totalement avec l'image qu'il a toujours tenu à donner en public, celle du truand à l'ancienne.

Un dimanche où, encore une fois à son invitation, je m'y étais déplacé, après le rituel d'une boisson à la cuisine et d'une discussion entamée à bâtons rompus dans son vaste séjour rustique, parfois un peu décousue sous l'effet de l'âge, le sujet de l'affaire était pour la énième fois revenu sur le tapis. Un « on refait le match » débuta. À un moment donné, il se leva. Il ouvrit une porte qui débouchait sur une pièce dont je ne pouvais, de là où j'étais placé, qu'entrevoir le désordre indicible. Une dizaine de minutes passèrent. Quand il revint, il m'interpella :

– Venez voir. Venez avec moi.

Il crut bon d'ironiser, une fois de plus :

– Vous n'avez rien à craindre, il n'y a aucun cadavre dans le placard !

Je lui emboîtai donc le pas. Sur une table, des sacs plastiques par dizaines s'étalaient. Il en prit quelques-uns, qu'il me tendit.

– Tenez, ça vous fera un peu de lecture pour les longues soirées d'hiver.

Je jetai furtivement un œil. Une mine d'or devenait ma propriété, à savoir une multitude de journaux d'époque, français, mais aussi italiens (*Gente*), anglais (*Life*) et même un allemand (*Bunte Illustrierte*).

– Attendez, c'est pas fini. Déjà, avec ça, vous verrez que le nom de Marcantoni a dépassé, en son temps, les frontières. Je vais vous faire un autre cadeau. Et celui-là…

Plus d'une fois, à l'étage qui conduisait aux chambres, j'avais remarqué, sur un coffre bas, trois ou quatre boîtes circulaires blanches qui renfermaient chacune un borsalino noir de la maison Gélot. Me voyant un jour questionné sur le souvenir que j'aimerais garder de notre relation amicale, je lui avais aussitôt rétorqué que je voudrais, mon unique demande, avoir l'un de ces chapeaux. Comme souvent, un « oh, pas de problème » n'avait été suivi d'aucun effet ! Je pensai donc que cette fois était probablement la bonne.

Eh bien, non. Son cadeau, il allait s'en expliquer dans le fauteuil que nous avions regagné, c'étaient trois épais dossiers. Le premier : des feuilles de papier A4 dactylographiées que recouvrait une feuille cartonnée sur laquelle s'étalait un gros titre : « FRANÇOIS MARCANTONI », et au milieu : « L'affaire Markovic ? ». Le deuxième document : une pièce de théâtre sur la même affaire, préfacée par l'inoubliable auteur à succès, père de l'historien Jean des Cars, Guy des Cars. Une très belle préface pour ce projet… qui n'a jamais abouti. « Encore des pressions, des années après ! » soupira-t-il. Le dernier était un brouillon d'une vingtaine de pages écrit par un certain « Loulou la Valise », le récit d'un de ses amis qui relatait les exploits de François quand, comme saint Louis, il « rendait la justice » dans le Milieu. L'une de ces boutades qui avaient valu à mon hôte du dimanche une remarque du juge Patard un jour d'interrogatoire.

« Vous dites toujours, Monsieur Marcantoni, que vous apportiez la bonne parole. Partout, pourtant, où vous l'aviez portée, des cadavres se sont allongés ! »

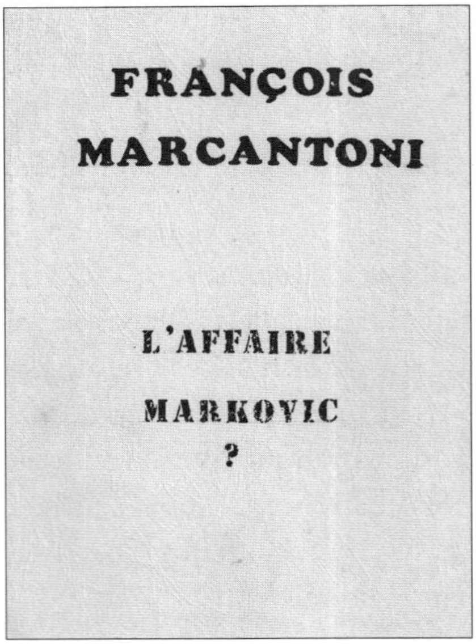
FRANÇOIS MARCANTONI

L'AFFAIRE MARKOVIC ?

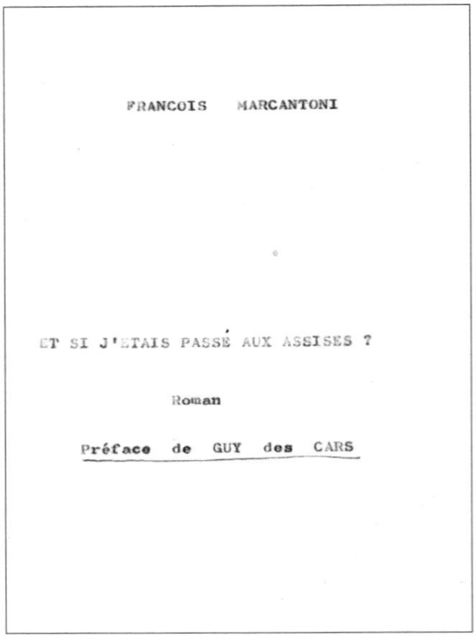
FRANCOIS MARCANTONI

ET SI J'ETAIS PASSÉ AUX ASSISES ?

Roman

Préface de GUY des CARS

Cette remise de documents inestimables, offerte « de bon cœur », est là, vieille de dix-huit ans, mais comme si elle datait d'hier. Toute l'histoire de cette affaire d'État y figure. Celle du livre qui aurait dû paraître en librairie, son non-lieu acquis. Mais, comme il se plaisait à le dire :

– Les gens aiment-ils la vérité ? Est-il d'ailleurs possible de dire la vérité ? La presse, il n'y en a pas. Il ne faut surtout pas dire la vérité ! Tout, sauf la vérité. Si, demain, vous rédigez un livre explosif qui contient la vérité, pas un éditeur n'en voudra.

Sauf si, bien entendu, le livre en question a pour titre : *La vérité si je mens !*

Chapitre 33

Un Auvergnat s'éteint, un autre lui succède

L'année 1969 balaya de Gaulle. Un bref communiqué au lendemain du referendum perdu sur la réforme du Sénat tomba sur les téléscripteurs des rédactions, le 28 avril :

> « Je cesse d'exercer mes fonctions de président de la République. Cette décision prend effet à midi. »

Une coalition Pompidou-Giscard venait de porter le premier au sommet de l'État, Giscard s'étant prononcé par un « non » qui sonnait le glas de l'ère gaullienne. La maladie qui frappa par la suite Pompidou finit par l'emporter. De justesse, le vote des Français porta l'autre Auvergnat aux plus hautes fonctions.

Chirac, ayant éliminé son concurrent direct, Jacques Chaban-Delmas, fut remercié en étant nommé à la tête du Gouvernement. Comme il était le poulain, avec Édouard Balladur, du défunt Pompidou, l'affaire Markovic mise en sommeil pendant la présidence du natif de Montboudif repartit de plus belle après le décès de ce dernier.

Excédé, le Grand[23] exigea du garde des Sceaux, Jean Lecanuet, de boucler par un non-lieu cette lamentable affaire qui, à ses yeux, n'avait que trop duré. Évidemment mis au courant par son ministre, Giscard ne pipa mot. Peut-être ne voulait-il pas que l'affaire, déjà longue, risquât de l'éclabousser !

---

23. « Le Grand » était le surnom de Chirac dans les milieux politiques du RPR, parti qu'il avait fondé le 5 décembre 1976.

Invité à la télévision par Marc-Olivier Fogiel pour son émission *On ne peut pas plaire à tout le monde*, Marcantoni mit dans la confidence quelques-uns de ses amis. Il allait donner une anecdote savoureuse liée à Giscard, minutieusement préparée pour sa prestation télévisuelle. L'accompagnant cette fois encore à sa demande, je pris soin d'enregistrer son passage dans l'émission. Pour une raison technique survenue ce soir-là, ladite émission fut annoncée par l'animateur comme « réalisée dans les conditions du direct ». Soit.

Certes, la présentation de l'invité par l'animateur débuta sur les chapeaux de roues, Fogiel lui demandant d'entrée s'il fallait l'appeler « le parrain », et lui de répondre aussi sec : « Notez, dans le Milieu, il vaut mieux être parrain que marraine ! » Cependant, ce ton piquant n'avait vraisemblablement pas vocation à marquer toute l'émission car, comme par pur hasard, l'anecdote sur Giscard, ainsi formulée dans les « conditions du direct », disparut le jour de la diffusion. Zappée au montage !

Mireille Darc avait succédé à Nathalie Delon dans le quotidien de l'acteur. Ainsi va la vie. Après sa sortie de prison, Marcantoni avait été hébergé dans un appartement contigu à celui de l'actrice, avenue du Président-Kennedy, au n° 42. Or, le hasard fit qu'un jour, alors qu'il allait rentrer « chez lui », il se trouva, en attendant l'ascenseur, à proximité d'un homme qu'il reconnut immédiatement : Giscard. Montés tous les deux, le ministre des Finances demanda :

– Vous allez à quel étage, monsieur ?

– Au même étage que vous, monsieur.

C'est cette anecdote, reprise dans un magazine allemand, que Marcantoni avait distillée ce soir-là avec tout son savoir-faire de conteur. Eh oui ! Giscard avait un faible pour celle qu'il appelait « Merveille », ainsi que l'avait confié Delon à son ami François. Agacée par ses coups de téléphone, un soir où la conversation prenait un caractère plus intimiste, elle l'avait sèchement interrompu, selon Marcantoni présent dans la pièce : « Vous savez que j'ai été entendue par la police à propos du meurtre de Markovic ? Si votre collègue de l'Intérieur vous entendait, il ne serait sans doute pas content. » Puis, elle avait sèchement raccroché.

Ce qu'elle ignorait, c'est que Delon était placé sur table d'écoutes ! La bande était remontée jusqu'au ministre, puis au *Canard enchaîné*, dans ce numéro du 3 septembre 1975 ! Ce mercredi-là, les lecteurs du palmipède en avaient reçu l'info sous la plume de Michel Gaillard. Ce dernier se référait à l'ouvrage *Le Duel : de Gaulle-Pompidou* (Grasset, 1970), dans lequel Philippe Alexandre affirmait que Giscard avait apporté son soutien à Pompidou parce qu'il s'était dit « très choqué » par l'affaire Markovic. Non sans malice, le futur directeur du *Canard*, aujourd'hui président, s'était fait plaisir en se fendant de ce commentaire :

> « Il sera encore plus "choqué", quelques mois plus tard, lorsque Raymond Marcellin, ministre de l'Intérieur, lui transmettra une certaine bande magnétique : cette bande provient du centre d'écoutes téléphoniques où elle a été enregistrée par Michel Bétremieux, membre des CRS détaché auprès du SRPJ pour enquêter sur la mort de Markovic. Sur cette bande, une conversation téléphonique entre Giscard et Mireille Darc. L'actrice demande très gentiment à Valéry d'intervenir auprès de la justice pour qu'elle ne soit plus inquiétée et, surtout, plus dérangée par le juge à propos de l'affaire Markovic. Bétremieux transmit la bande à son chef, le commissaire Samson. Lequel la remit à son tour à Raymond Marcellin. »

Bien dans le style de l'hebdomadaire, Gaillard concluait son papier, un brin provocateur et vachard :

> « On comprend que, depuis cette époque, Giscard téléphone parfois sous des noms d'emprunt. »

Encore heureux que le palmipède ait tu un appartement loué rue de Longchamp par l'intéressé… sous une autre identité ! L'honneur de l'« ex » resta sauf.

Chapitre 34

Non-lieu

Le 12 janvier 1976, la chambre d'accusation rendit enfin son verdict, en 88 pages : non-lieu.

Libre ! Un immense soupir de soulagement accompagna la décision définitive qui venait d'être prononcée. « Un de ces moments qui vous font, l'espace de quelques secondes, peut-être minutes, l'impression d'être en lévitation, de planer comme l'oiseau », commentait Marcantoni, comme touché par une sorte de grâce poétique, quand la question lui était posée.

Pendant la Résistance, au sein du Milieu, semblable impression l'avait traversé. Mais là, après sept années de procédure, de changements d'avocats, passant de Maître Isorni à Maître Floriot, réputé proche de Georges Pompidou, pour revenir confier sa défense au même Isorni, c'est un Marcantoni dépité qui avait tiré un constat amer qu'il résumait en ces mots :

– Malgré ses belles promesses, Floriot n'avait rien fait pour moi, si ce n'est me dire un jour : « Le président Pompidou ne vous décernera pas la Légion d'honneur, mais il vous renverra l'ascenseur ! »

Et d'embrayer aussi sec sur cette « boule restée au fond de la gorge », devenue une idée fixe, son leitmotiv :

– Vous pensez, l'ascenseur, il est resté en panne ! Car oui, si j'avais été un salaud, si j'avais cédé aux orientations souvent brutales que flics et magistrat instructeur ne manquaient jamais de me soumettre, jamais, vous entendez, jamais je n'aurais pris cet an de taule pour rien. Pensez-y. Je suis le seul de toute l'affaire à avoir trinqué pour ce minable de Markovic. Un sale type vantard, à des années-lumière du Milieu. Si Markovic avait été soumis au même traitement que Marcantoni, Pompidou n'aurait pas été président.

Ce propos, combien parmi son entourage l'ont entendu, proféré le ton haut, la haine encore présente dans son regard bleu acier !

Un dimanche de juin 2008, je me réjouissais de le rejoindre dans sa gentilhommière de Goussainville où il m'avait convié à passer la journée. Pour ne pas déroger à son sacro-saint rituel dominical, nous étions allés à son Q.G. de Houdan, le café-restaurant PMU *La Paroisse*, idéalement situé à proximité de l'église où nous avions trouvé une place de stationnement. À notre entrée, avant de passer à l'apéro et au traditionnel tiercé, mon hôte avait serré des mains, en terrain conquis qu'il était, puis nous avions regagné sa propriété. Quel contraste entre cette demeure et le cadre habituel du Méridien ou de la *Villa des Ternes*, où il tenait table ouverte !

Dans l'après-midi, prétextant qu'il avait quelque chose à me dire et à me montrer, il m'invita à monter à l'étage. Il ouvrit la porte de sa chambre, pièce monacale où il trouvait « la paix intérieure ». Sur la table de chevet, à côté de quelques livres, compagnons du week-end, je repérai une photo que les outrages du temps n'avaient pas défraîchie. Elle représentait, me précisa-t-il, un portrait de sa « chère maman », accompagné d'un tout jeune François et de Charly, l'un de ses frères, « l'époque heureuse d'une enfance encore insouciante ».

À l'évocation de ce visage empreint de douceur, je vis ses yeux de dur s'embuer, sa gorge se nouer. Trop fier pour manifester, ne serait-ce qu'une seconde, un quelconque signe de faiblesse, il sortit de la chambre, la démarche mal assurée, prétextant une quinte de toux qui ne trompait pas…

Quand, quelques minutes plus tard, il revint, il me désigna le Christ en ivoire qui trônait au-dessus de son lit, « un cadeau du cousin », puis porta ses yeux vers la photo où souriaient ses deux êtres chers.

Lorsqu'il parla, le ton de sa voix avait repris toute son assurance. Des paroles que je n'ai jamais oubliées, fidèlement reconstituées :

– Cher ami, vous avez appris à me connaître. Vous savez que je n'ai qu'une parole. Je vais vous faire un aveu. Ou plutôt deux. Le premier, écoutez-moi bien, puisque nous sommes près de ce portrait familial. Le 27 novembre 1942, je participai avec mes camarades artificiers au sabordage de la flotte à Toulon. Eh bien, je ne l'ai jamais dit, jamais écrit ; le lendemain, ma mère mourait. Elle portait un joli prénom : Marie-Anne. Après le départ de mon père au Ciel, je perdais l'être que j'aimais le plus au monde. Le deuxième aveu, je le jure devant ce Christ, devant le portrait de ma chère maman : je n'ai pas tué ce minable de Markovic. S'il revenait au monde, avec toutes les emmerdes qu'il m'a causées, je lui dirais simplement : « Lève-toi et dis la vérité. »

Il leva une nouvelle fois les bras vers le ciel…

Et nous redescendîmes dans le séjour.

Chapitre 35

Affaire conclue ?

L'annonce du non-lieu, cette bonne nouvelle libératrice passée, c'est le chemin de croix que Marcantoni allait devoir suivre pour la publication de ses fameux *Mémoires*, lui qui n'hésitait pas à dire aux journalistes qu'il s'était « trouvé à un moment de l'Histoire, [qu'il] avait été [lui]-même un moment de l'Histoire ».

Tout homme politique d'importance, tout grand flic, tout truand célèbre, bref, toute personne qui est ou a été sur le devant de la scène est conviée à livrer ses souvenirs par l'entremise d'une « plume ». Sitôt bénéficiaire du précieux non-lieu, plusieurs maisons firent offre de service. Pour quelqu'un qui avait connu la prison, mais qui avait aussi goûté aux saveurs du champagne et du caviar, la *dolce vita* l'été venu, à Saint-Tropez ou à Cannes, pas question de se sous-évaluer !

Fait pour le moins curieux : lui, dont les sources de revenus ne semblaient guère avoir pendant des lustres intéressé le fisc, se vit soudain frappé d'un redressement de la Direction générale des impôts. Pas des moindres, puisque la somme que le fisc lui réclamait s'élevait à 50 millions de nos anciens francs, soit près de 100 000 de nos euros. De quoi l'avoir mauvaise.

Au même moment, coïncidence pour le moins troublante, une offre lui vint de là où il ne l'attendait pas. Mais laissons-le s'exprimer, dans cet enregistrement réalisé le mercredi 28 mars 2001, chez lui, à Paris :

– L'un de mes avocats compatriotes, très connu comme avocat du Milieu, Charles Robaglia, m'avait demandé de passer à son cabinet pour affaire importante me concernant. J'étais venu avec deux amis insulaires pour être témoins de ce qu'il avait à me dire.

Et là, il m'annonça :

– Il avait reçu un coup de téléphone d'un émissaire des Chirac, Garaud et Juillet proposant un accord à l'amiable : me verser cinq cent mille francs sur les fonds secrets de Matignon à condition que je renonce à publier le livre dont c'était devenu secret de polichinelle qu'il allait sortir.

Si je prenais en compte que j'avais fait un an de prison pour rien puisqu'innocenté totalement par mon non-lieu… au bout de sept ans, on appelle ça le *pretium doloris*, que le fisc me réclamait une somme identique, je demandai 2 millions, en quelque sorte, de dommages et intérêts, avec ma parole d'honneur de tout arrêter. Eh bien, figurez-vous que, quelques jours plus tard, de nouveau dans le cabinet de Robaglia, il m'apprit que ce que j'avais réclamé avait été pris pour du chantage ! La maison Fayard, dont le directeur était le mari de la ministre Françoise Giroud, alla même jusqu'à me réclamer l'à-valoir que j'avais perçu, ce qui est illégal.

Philippe Bouvard s'en émut-il ? Toujours est-il que le samedi 12 novembre 1977, dans sa chronique de *France-Soir*, « Signé Bouvard », les lecteurs purent lire, dans un encadré de première page titré « Le mari de Françoise Giroud fait saisir Marcantoni » :

> « Si le 1er décembre prochain François Marcantoni, ex-truand reconverti dans la littérature, n'a pas remboursé aux éditions Fayard l'à-valoir de cinquante mille francs qu'il avait touché voici cinq ans, sa maison de Goussainville (trois corps principaux de bâtiment, des communs et un parc de cinq hectares) sera vendue à la bougie à l'audience des criées de Chartres moyennant une mise à prix de deux cent mille francs. »

Une maison qui, aux dires de l'intéressé, valait « au bas mot plus d'un million deux cent mille francs ». Un compromis fut trouvé. L'agent littéraire Constantin Melnik prit contact avec un jeune éditeur très dynamique, Olivier Orban. La mariée était-elle désormais trop belle ?

– Mal lui en prit de me publier, avec une version expurgée de son contenu jugé trop sulfureux, pour moi juste l'exacte vérité. Ce fut encore trop. Il a eu les polyvalents sur le dos, sur intervention directe de « Madame J'ordonne », comme l'avait surnommée Philippe Bouvard après une intervention lui demandant expressément de ne pas me recevoir dans son émission. Ce à quoi lui, à l'inverse d'autres, ne s'était pas soumis. Je veux parler de Madame Marie-France Garaud. Sans rien connaître de cette affaire, elle prétendait en connaître tout. Je lui avais écrit une lettre que je vous ai donnée. Je n'ai évidemment jamais reçu la moindre réponse. Je pensais quand même en savoir un tout petit peu plus qu'elle ! Mais, moralité : le lancement du bouquin a été saboté, Hachette ayant refusé de le diffuser. Puis, finalement sorti, il fut pas ou mal distribué, retiré de nombreuses librairies. Avec le recul, ce serait à refaire aujourd'hui, je me soumettrais et, au moins, ce pognon m'aurait évité d'avoir à débourser celui que m'imposait le fisc, même si, aux termes d'âpres négociations, la somme finale fut revue à la baisse, trois cent mille balles au lieu des cinq cent mille. Alain Delon m'aida beaucoup, en homme généreux qu'il a toujours été avec ses vrais amis, sans considération de ceci ou de cela. Le Milieu que j'avais fréquenté me secourut aussi, aussi bien financièrement que moralement, à l'image de celui qui avait été surnommé « l'Arsène Lupin de la cambriole », Paul Dellapina. Le pauvre homme… Alphonse Boudard l'avait aidé à publier ses souvenirs (*Cambrioles*, Arthème Fayard, 1972) ; en se rendant en province pour une séance de dédicaces, il a été victime d'un accident de la route. Il n'en a pas réchappé. Être écrivain peut être plus dangereux que truand, non ?

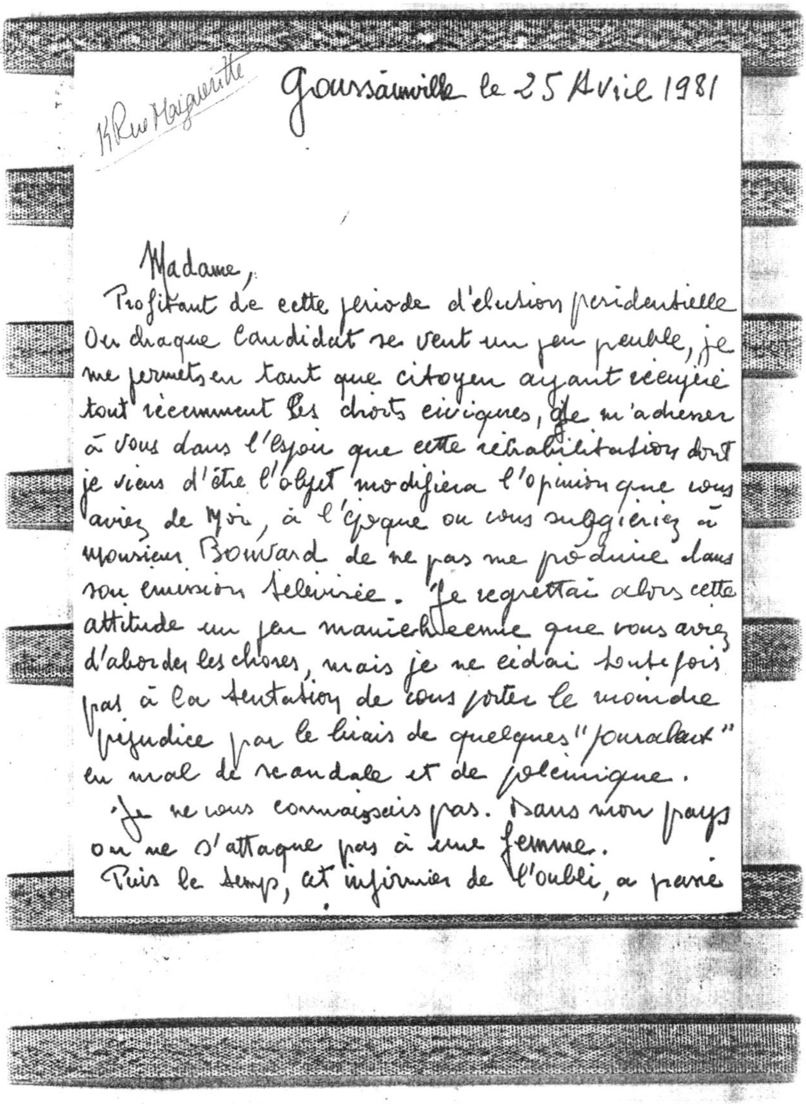

K Rue Marguerite

Goussainville le 25 Avril 1981

Madame,

Profitant de cette periode d'election peridentielle
Ou chaque Candidat se veut un peu peuple, je
me permets en tant que citoyen ayant recuperé
tout récemment les droits civiques, de m'adresser
à vous dans l'espoir que cette réhabilitation dont
je viens d'être l'objet modifiera l'opinion que vous
aviez de Moi, à l'époque ou vous suggériez à
Monsieur Bouvard de ne pas me produire dans
son emission televisée. Je regrettai alors cette
attitude un peu manichéenne que vous avez
d'aborder les choses, mais je ne cédai toutefois
pas à la tentation de vous porter le moindre
préjudice par le biais de quelques "journaleux"
en mal de scandale et de polémique.

Je ne vous connaissais pas. Dans mon pays
on ne s'attaque pas à une femme.

Puis le temps, cet infirmier de l'oubli, a passé

II/ et je suis heureux, après avoir apprécié il y a
quelques jours votre prestation sur le petit écran,
que j'avais du coup également adopté à l'époque où vous étiez
Madame J'Ordonne. (Bouvard dixit)
Les fées en se penchant sur votre berceau
se sont montrées très généreuses. Belle,
Intelligente, instruite... Manqueriez-vous
hélas de Charité Chrétienne au point de regretter
que l'on trouve plus de malfrats dans les
librairies que dans les maisons d'arrêt, Alors
que la Morale y gagne et le porte feuille de
ces recyclés également (mettant en outre celui
des autres à l'abri)
Personnellement j'ai été et suis toujours
un Catholique pratiquant. Je n'ai
pas changé. Bien qu'étant à nouveau
un citoyen conscient de ses droits et de ses
devoirs, tout comme Camus je choisirai
ma Mère s'il me fallait choisir entre elle
et la Justice...
Non sans un pincement de Coeur, je l'avoue
je viens de quitter la Cohorte des réprouvés
pour le "troupeau" des honnêtes gens. Il va fallоir

III à nouveau me méfier de moi, car j'étais un honnête homme avant d'aller en prison...

Je vous trace ces quelques lignes pour vous souhaiter bonne chance et que vous soyez présente au deuxième tour... Cette deuxième chance en somme que le Destin refuse si souvent à ceux qui voudraient recommencer.

En m'excusant, Madame, de la liberté que je prends de vous imposer la lecture de cette lettre et avec mes respectueux hommages. Je vous prie d'agréer, l'assurance de mes sentiments les meilleurs... Ce sont je l'espère les plus honnêtes.

F. Marcantoni

F. MARCANTONI.
15, Grande Rue
Goussainville
par Bû 28410

Chapitre 36

Fin de partie

Le *Frantel* de la rue Beaujon, *Le Méridien*, *Le Petit Café* de l'avenue des Ternes, *Le Petit Salé* qui lui fait face et la *Villa des Ternes* ; autant de Q.G. qui refont surface, au moment où se termine cet opus. Autant de visages aussi, connus ou non du « grand public », cette expression ridiculement éculée, qui réapparaissent : des résistants de la première heure, tels Jacques Franchi, Pierre Salustri, des beaux mecs, des voyous reconvertis en littérature, à l'instar des deux disparus Roger Knobelspiess et Michel Ardouin, alias « Porte-Avions », des gens du show-biz, Jean-Luc Lahaye, Jean-Pierre Mocky, sans oublier Michou, présent aux obsèques à Toulon, tout comme Daniel Vigne, Maître Jean-Louis Pelletier… Bref, un panel de personnes issues de divers horizons qui se rassemblaient autour du « parrain », buvant ses anecdotes, certaines contées une énième fois… tout en portant leur coupe aux lèvres !

Au fil des années, le cercle des amis au sens le plus large se restreignit. Une poignée de fidèles, Maud, Gérard, Lucien, Didier, Bambi, Titi, remontaient le temps, celui des jours anciens qui vous emportent au vent mauvais, ainsi que l'a si joliment écrit Verlaine et dont Gainsbourg a fait un succès en chanson.

La santé déclina, chaque jour qui passait. À plusieurs reprises, dans ce sombre appartement de la porte Maillot où le fidèle et si discret Amar le visitait chaque jour, apportant ses courses, il restait prostré. Sa barbe avait poussé car il n'avait plus le goût de se raser ou, disons-le tout net : de vivre.

Maintes fois, je l'ai de mes yeux vu rageusement jeter dans le séjour des boîtes de médicaments dont il ne trouvait plus la posologie.

Ou encore s'en prendre au même Amar, qui ne comptait pourtant jamais son temps pour l'écouter, lui parler avec douceur et gentillesse. Même se rendre au *Petit Café* lui devenait une corvée. Oui, la vie lui était chaque jour qui passait plus insupportable.

Il y eut une hospitalisation au Val-de-Grâce. Pierre-Louis, son neveu venu de Toulon, et Gérard Vincent ne quittaient pas l'hôpital, arpentant le couloir, lui prodiguant des paroles de réconfort dans sa chambre. Sans le dire, chacun se regardait, silencieux. Un jour qu'il passait devant la chambre 5, restée entrouverte, Gérard crut être victime d'une hallucination. Il s'enhardit.

C'était bien lui, l'occupant de la chambre, l'homme en bleu, le compagnon de Montmartre de François, Michou. Ledit François occupait la chambre 7 ! Ils tombèrent dans les bras l'un de l'autre.

Je surpris même un bref échange qui en cette occasion où tous deux, aussi cabotins l'un que l'autre – pudiques, aussi –, étaient souffrants, prêtait à sourire. Michou s'esclaffa :

– Dans ton prochain livre, tu parles de moi, hein !

Comme jaillie à la surface de ma mémoire, je fredonnai les premières paroles de la chanson de Dave :

« Est-ce par hasard si j'ai suivi une étoile
Qui m'a conduit cette nuit jusqu'ici, où tu te trouves
aussi ? »

Marcantoni et son ami Michou, Paris.

Le résistant du sabordage de la flotte de Toulon avait surmonté les épreuves de la guerre, tout comme il avait traversé les guerres intestines du Milieu en en sortant indemne. À la surprise générale, amaigri, les traits tirés, privé de ses cigares – il en fumait en cachette en ouvrant la fenêtre –, il surmonta également cette épreuve-ci.

De temps à autre, je lui transmettais le bonjour de Borniche, avec qui j'étais resté en relation par mail. Les anecdotes puisées ainsi aux meilleures sources, j'entamai une bio inédite, celle d'Ange Saliceti. François m'encouragea d'autant plus que lui avait connu le personnage, le « saigneur » de Pigalle. Ils avaient partagé des coups. Je lui demandai de ce fait s'il accepterait d'en écrire la préface. En termes touchants et pleins d'humour, il s'exécuta, non sans m'avoir préalablement averti :

– Il est bien rare que j'aie monté une association de bienfaiteurs ; tant pis ou tant mieux pour vous !

J'étais donc parvenu à la fin de mon travail. Nous nous étions donné pour la énième fois rendez-vous chez lui. La préface entre mes mains, je l'informai qu'un peu épuisé, j'allais prendre une petite semaine de vacances dans le Sud. Je pris congé.

Pendant ce bref séjour de décompression, je l'appelai d'une terrasse de café du cours Mirabeau, à Aix-en-Provence. La journée était radieuse. Nous échangeâmes quelques propos. Il était, me dit-il, au Val-de-Grâce. Je m'en étonnai : une dizaine de jours plus tôt, quand nous nous étions vus, il était en relative bonne forme.

– Oh, rien de grave, soyez rassuré. On me fait des examens et on m'a dit qu'il allait falloir que j'aille passer quelque temps dans une maison de repos.

– J'espère que vous n'allez pas vous retrouver dans les Vosges, car pour aller vous voir…

– Non, non. Je crois que ce sera dans l'ouest de Paris… Vous avez eu raison de vous évader, croyez-moi ! Ici, à Paris, y a plus personne, je suis seul. C'est aussi pour ça que j'ai choisi d'aller à l'hôpital. J'y suis bien traité. Il faut voir comme les jeunes femmes s'occupent de moi !

J'allais raccrocher lorsque mon regard se posa soudain, non loin de cette brasserie où je me trouvais, sur le tribunal. Je me ravisai donc.

– Dites donc, François, de là où je suis, devinez ce que je vois. Je vous le donne en mille : le Palais de justice !

Une voix ferme fit écho à la mienne, spontanément :

– Oh ça ! Alors, dites-leur qu'aujourd'hui je ne plaide pas !

Épilogue

LE CHANT DU CYGNE : ADIEU L'AMI, ADIEU FRANÇOIS

Nous étions un dimanche. C'est sur ces paroles que je le quittai, les dernières, que je n'oublierai jamais. Comme un clin d'œil, l'ultime touche d'humour, à une vie qu'il s'était choisie.

D'aucuns la diront marginale. « Les braves gens n'aiment pas qu'on suive une autre route qu'eux. » Oui, il avait sa morale. Discutable, qui sait ? Mais il possédait trois valeurs essentielles : le sens de l'amitié, la vraie, une fidélité exemplaire et une loyauté jamais démentie.

Oui, il était capable de mettre « son poing dans la gueule » ou de « filer trois bastos », selon ses expressions, à qui balançait, trahissait, lui qui ne mettait en avant sa Résistance, authentiquement avérée, que lorsqu'il était attaqué sur son passé d'homme du Milieu.

Oui encore, il était un jouisseur de la vie, sous toutes ses formes. Il le reconnaissait parfois, sans regret toutefois : il avait probablement raté sa vie privée. Les succès féminins, ce n'était pas faute de les avoir accumulés, là encore tous azimuts. Mais les circonstances de ses choix de vie lui avaient interdit de « prendre femme ». « Trop dangereux. » Et puis, « belle gueule d'amour », il aurait eu « les plus gros soucis à jurer à une femme fidélité » ! Nombre de fois il l'a dit et répété :

– Un jour que je moisissais dans une prison, je fus appelé au parloir. Un maton m'y conduisit. Arrivé, trois femmes se levèrent d'un seul élan et hurlèrent : « François ! » Je vous dis pas leur réaction, surtout celle de qui j'étais le plus proche ! En une seconde, je venais de perdre trois dulcinées !

Il avait donc opéré un choix : brûler la vie par les deux bouts, en amateur éclairé de *puros*. « Sans plaisir, la vie a-t-elle un sens ? », philosophait-il à l'occasion. Une interrogation que n'eût pas désavouée un Montaigne, lui qui écrivit il y a bien longtemps :

> « Pour moi donc j'aime la vie et la cultive telle qu'il a plu à Dieu nous l'octroyer[24]. »

---

24. *Essais*, Livre III, chap. 13.

Il aimait à répéter que, sans la guerre, son destin d'homme eût été sans doute différent. Peut-être. Difficile, tout de même, de croire que la vie banale qu'il aurait pu avoir sans elle l'eût satisfait.

Pour le passionné de la vie qu'il était, en effet, quoi de plus plat, quoi de plus terne, quoi de plus conventionnel, quoi de plus irrationnel, même, qu'un emploi d'artificier à l'arsenal de Toulon, jusqu'à la retraite, avec femme à la maison, des marmots qui piaillent et, *in fine*, la faucheuse !

Chacun porte en lui des ambitions… ou pas. La seule ambition qu'il se prêtait : fuir la médiocrité du quotidien. À ce titre, il a été servi !

Pourvu d'une volonté inébranlable, gourmand d'une existence que, du haut de son mètre soixante-dix-sept, il sentit à sa portée au lendemain de la Libération, alors oui, il se jeta à corps perdu dans le Paris New-Look qui lui ouvrait ses bras. Cette « chance unique » à ses yeux de le conquérir, il ne la laissa pas lui échapper… quoi qu'il en coûtât ! Encore fallait-il avoir l'intelligence, l'habileté, l'intuition nécessaires pour assouvir ses rêves de jeunesse.

François Marcantoni s'était rêvé acteur. Il a nagé dans un océan de bonheur en côtoyant au plus près les stars de son temps : Erich von Stroheim, Ava Gardner, Vittorio de Sica ; chez nous, Raymond Pellegrin, Michel Simon, Jules Berry, Pierre Brasseur, Brigitte Bardot, sans oublier bien sûr les deux monstres sacrés de notre grand écran, Jean-Paul Belmondo et Alain Delon. Dans leur sillage, Ursula Andress, Romy Schneider, Mireille Darc. Les citer toutes relèverait d'un marathon !

Jean-Paul Belmondo lui offrit même un cadeau inespéré en accédant à son désir de « passer à l'écran ». Il l'imposa à la production en lui donnant un rôle à ses côtés dans le film de Jacques Deray, *Le Solitaire*. Un rôle taillé à sa mesure, puisqu'il y interprète un patron de cercle de jeux, dominé jusqu'à une date récente par ses amis corses.

Histoire de le voir râler, quelques amis lui disaient à l'occasion de moments animés à une bonne table qu'il y était mauvais, parce que le Marcantoni du cinéma, ce n'était pas le Marcantoni qu'ils pratiquaient et goûtaient presque quotidiennement.

Au demeurant, l'expérience cinématographique n'avait pas connu de lendemain. Autant il était lui dans la vraie vie, jusque dans le personnage qu'il aimait à jouer, autant il paraissait tendu, crispé, en un mot, méconnaissable, face à la caméra. Loin de s'emporter, il reconnaissait volontiers ne pas avoir été « au meilleur de sa forme ».

Quelle importance, en vérité ! Au bout du compte et jusqu'à la fin de son parcours ici-bas, cet acteur dont il avait caressé le rêve d'un jour devenir, il l'a été. Et de la meilleure des façons ! Car sans doute a-t-il réussi, dans ses hauts et dans ses bas, à parfaire ce que peu parviennent à accomplir : être acteur de sa propre vie.

Rien que pour cet exploit, borsalino, chapeau bas, Monsieur François !

François Marcantoni, 38 ans, dans l'un de ses bars favoris, à Toulon ou à Paris.

REMERCIEMENTS

Enfermé dans sa tour d'ivoire, tout auteur est confronté aux affres de l'écriture. Comment avoir suffisamment de recul sur soi pour juger du bien-fondé d'une phrase, de tel ou tel passage ? Par nature, l'homme de plume n'est jamais pleinement satisfait de ce qui vient d'être écrit, alors, comme il est bon d'être au sein d'une véritable équipe ! Non pour en recueillir les éloges – car nul besoin de flatter davantage encore un ego déjà naturellement inhérent à tout être humain ! –, mais parce que le recul de l'autre sur soi est un facteur d'émulation, d'encouragement… voire de remise en question.

Comme pour la remise des César, c'est avec un réel et immense plaisir que je tiens ici à remercier Lucie Bernamont, « jeunette » selon sa propre expression. Son implication a été totale sur un sujet qu'elle a découvert au fil des pages. Ses conseils, ses suggestions, toujours discrets, m'ont été toujours pertinents.

Mes remerciements vont encore à Marine Bourasseau, elle aussi très impliquée dans cet ouvrage.

Je ne saurais oublier Édouard Frison-Roche, manager dynamique d'une équipe en marche, qui m'a donné son feu vert pour cet ouvrage, ainsi que Jacques-Marie Laffont, son associé dans cette aventure éditoriale.

Table des matières

Dépôt légal : avril 2021
Achevé d'imprimer en Union européenne par
la Nouvelle Imprimerie Laballery en mars 2021.
N° d'impression : 103575
La Nouvelle Imprimerie Laballery est titulaire du label Imprim'Vert.